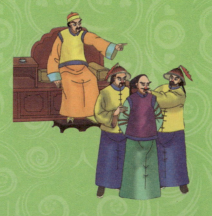

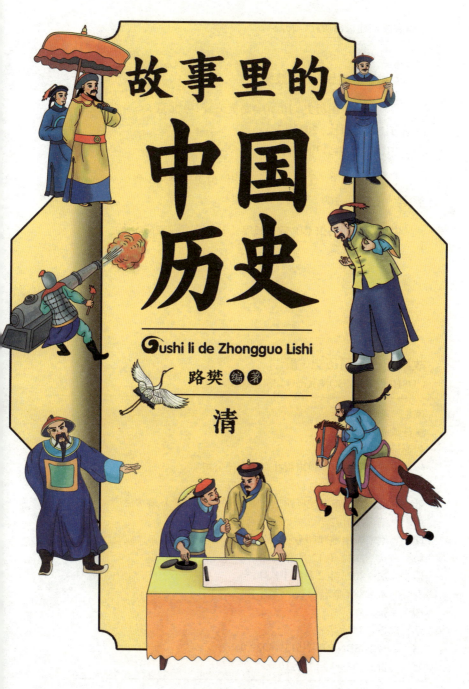

故事里的

中国历史

Gushi li de Zhongguo Lishi

路樊 编著

清

民主与建设出版社

·北京·

图书在版编目 (CIP) 数据

故事里的中国历史 . 10, 清 / 路樊编著 . -- 北京：
民主与建设出版社 , 2022.12

ISBN 978-7-5139-4029-0

Ⅰ . ①故… Ⅱ . ①路… Ⅲ . ①中国历史—清代—青少
年读物 Ⅳ . ① K209

中国版本图书馆 CIP 数据核字（2022）第 212697 号

故事里的中国历史·清

GUSHI LI DE ZHONGGUO LISHI QING

编　　著	路　樊	
责任编辑	郝　平	
封面设计	书心瞬意	
出版发行	民主与建设出版社有限责任公司	
电　　话	（010）59417747　59419778	
社　　址	北京市海淀区西三环中路 10 号望海楼 E 座 7 层	
邮　　编	100142	
印　　刷	唐山楠萍印务有限公司	
版　　次	2022 年 12 月第 1 版	
印　　次	2023 年 2 月第 1 次印刷	
开　　本	880 毫米 × 1230 毫米　　1/32	
印　　张	5	
字　　数	75 千字	
书　　号	ISBN 978-7-5139-4029-0	
定　　价	358.00 元（全 10 册）	

注：如有印、装质量问题，请与出版社联系。

目录
Contents

第1章　满族人创立了大清国

第2章　多尔衮的霸权时代

第3章　政绩满满的康熙帝

第4章 雍正是个"工作狂"

第5章 从乾隆盛世到嘉庆中落

第6章 鸦片战争和太平天国运动

第7章 "老佛爷"的政治生涯

第8章 大清的余晖

清

公元 1636 年—公元 1911 年

清朝历程

••••• 大清建国 •••••

1636年，努尔哈赤的继承者皇太极在盛京（今辽宁沈阳）称帝，改国号为"清"。

••••• 清军入关 •••••

1644年，驻守山海关的明将吴三桂降清，多尔衮率领清兵入关。

••••• 第一次鸦片战争 •••••

1840年至1842年，英国对中国发动了一场侵略战争，成为中国近代屈辱史的开端。

••••• 太平天国运动 •••••

1851年至1864年，由洪秀全、杨秀清等发起了反对清朝统治和外国资本主义侵略的农民起义。

●••• 洋务运动 ••●

　　19世纪60年代到90年代，晚清洋务派进行了一场引进西方军事装备、机器生产和科学技术，以挽救清朝统治的自救运动。

●••• 中日甲午战争 ••●

　　1894年到1895年，日本发动了对中国的侵略战争，清政府战败，并签订了丧权辱国的《马关条约》。

●••• 戊戌政变 ••●

　　1898年9月，以慈禧太后为首的守旧派向以光绪皇帝为首的改良派发动了一场血腥政变。

●••• 辛亥革命 ••●

　　1911年至1912年初，革命党人发动了旨在推翻清朝专制帝制、建立共和政体的全国性革命。

清
朝
历
程

第 **1** 章

满族人创立了大清国

有言在先

从贵族公子哥到奴隶，再到俘虏，他的人生犹如翻滚的过山车，一路跌宕起伏；从13副盔甲起兵到统一女真各部，再到与大明争夺天下，他成为不可复制的疆场战神，一生功勋卓著。他就是戎马30余载，"后金"的创立者、大清王朝的开国鼻祖——努尔哈赤。

努尔哈赤病亡后，皇太极深得父亲真传，建大清、披龙袍、攻城池，开始了争夺江山的血腥之路。

最命硬的女真少年

故事主角：努尔哈赤

故事配角：王杲、李成梁、李成梁爱妾等

发生时间：1574 年

故事起因：努尔哈赤做了李成梁的俘虏，靠着临时应变而躲过一劫

故事结局：因为脚底有七颗红痣，努尔哈赤再次遇险并成功逃脱

　　努尔哈赤出生在女真族的贵族世家，从小就受到母亲宠爱。但在他 10 岁那年，母亲突然去世，他的幸福就此画上了句号。

　　当继母到来后，努尔哈赤和弟弟们饱受虐待，努尔哈赤只能带着弟弟们投奔外公王杲（gǎo）。

王杲是建州右卫首领，按说外孙到来，是给老爷子增添天伦之乐的，但努尔哈赤的父亲是明朝的官，与王杲是死对头，因此翁婿两人闹得很僵。王杲也就迁怒于外孙，将努尔哈赤兄弟看成了奴隶。

因王杲与明朝对着干，1574年，掌管辽东的名将李成梁率六万大军征讨王杲部落。古勒城（今辽宁新宾）一战，王杲被打得落花流水，只好带着家人逃跑了，努尔哈赤兄弟却成了明军俘虏。

很快，李成梁部开始杀俘虏，杀人场面就像砍瓜切菜一样，一千多名女真人很快成了刀下鬼。一看脑袋要落地，努尔哈赤忽然跪地，一把抱住李成梁所骑战马的腿，号啕大哭，嘴里还喊着："你要杀我，就来个痛快的。"

这一出，彻底让李成梁有些蒙圈，甚至动了怜悯之心。李成梁偏腿下马，说道："我可怜你，这次饶你不死，你就留在我帐下，做我的干儿子吧。"

凭借"一场哭戏"，努尔哈赤保全了自己和弟弟的命。投靠李成梁后，努尔哈赤每次打仗都冲锋在前，屡次战

场立功，李成梁很是喜欢这个干儿子。

一天，李成梁的爱妾在给他洗脚时，发现李成梁脚底板上有三颗黑痣，很惊讶。李成梁得意地说："这三颗黑痣可是富贵之兆。因为有了它，我才能当上大官。"

小妾问道："那脚心长了七颗红痣，又有什么福分？咱家小罕（努尔哈赤的昵称）的脚底板上有七颗红痣呢。"

李成梁顿时大惊，差点将洗脚盆踢翻——脚心长七颗红痣可是天子之相。前不久，朝廷传来密旨，称据观天象，紫微星下凡，东北方有天子之气，让李成梁秘密查访，一有消息，即刻逮捕。

想到此，李成梁当下主意拿定，也不声张，命人连夜打造囚笼，准备天一亮就将干儿子押解上京。

小妾得知李成梁举动不寻常，心想肯定跟自己刚说的话有关。于是她偷了李成梁的令箭，跑到了努尔哈赤那里，让努尔哈赤赶紧逃跑。

努尔哈赤手持令箭，骑上一匹青马，一阵风似的冲出李府，冲进了茫茫的夜色中。

努尔哈赤统一女真各部

故事主角：努尔哈赤

故事配角：尼堪外兰、觉昌安、塔克世等

发生时间：1583 年—1616 年

故事起因：祖父和父亲在混战中战死，悲痛中的努尔哈赤开始起兵

故事结局：经过多年战争，努尔哈赤统一女真各部，建立了后金政权

公元 1583 年，建州女真部土伦城城主尼堪外兰，引来明军攻打古勒城城主阿台。努尔哈赤的祖父觉昌安带着塔克世（努尔哈赤的父亲）到古勒寨去，途中碰上明军攻打古勒寨，觉昌安父子都死在了混战中。

祖父和父亲死得不明不白，努尔哈赤痛哭了一场，葬了祖父、父亲，又想到自己的力量太弱，不敢得罪明军，就把怨恨全集中在尼堪外兰身上。

努尔哈赤满腔悲愤地回到家，找出了父亲留下的 13

副盔甲，拉起了一支队伍，向土伦城进攻。尼堪外兰根本不是对手，狼狈逃走。努尔哈赤攻克了土伦城后，趁机又征服了建州女真的一些部落。

努尔哈赤的威名远播，引起了女真族其他部落的恐慌。俗话说：先下手为强，后下手遭殃。1593年，海西女真叶赫部联合了其他几个部落，分三路向努尔哈赤进攻。

努尔哈赤听说九部联军来攻，便在敌军来路上埋伏了精兵；在路旁山岭边，安放了滚木石块。九部联军一到古勒山下，建州兵就派出一百骑兵挑战。叶赫部一个头目冲过来，马被木桩绊倒，建州兵上去把他杀了，另一个头目当场被吓昏。这样一来，九部联军没有了头目，开始四散逃窜，努尔哈赤乘胜追击，打败了九部联军。最终，努尔哈赤统一了女真族各部。

努尔哈赤统一了女真后，把女真人编为八个旗。为了麻痹（bì）明朝，努尔哈赤继续向明朝朝贡称臣，明朝廷认为努尔哈赤很听话，便封他为"龙虎将军"。

1616年，努尔哈赤认为时机成熟，就在八旗贵族的拥护下，在赫图阿拉称汗建国，国号金，史称"后金"。

熊廷弼成了冤大头

故事主角：熊廷弼

故事配角：努尔哈赤、王化贞、明熹宗等

发生时间：1622 年—1625 年

故事起因：明朝广宁守将王化贞的不切实际，给了努尔哈赤可乘之机

故事结局：明军惨败，广宁失守，熊廷弼最终为战争失败背了黑锅

　　努尔哈赤当上大汗后，发表了"七大恨"的精彩演讲，宣告与明朝正式开战。后金军在萨尔浒大捷后，连续攻下了明军的沈阳、辽阳。此时，胃口大开的努尔哈赤的下一个目标就是广宁。

　　当时驻守广宁的大将是熊廷弼（bì）和王化贞，这俩人可是一对冤家，谁也看不上谁。在讨论如何打仗时，王化贞不断"画大饼"，声称要"一举荡平辽东"，完

全是一个"乐天派"。

然而，长时间与后金打交道的熊廷弼，却深知努尔哈赤不是一般人。他主张以积极防御为主，调动各方面大军，对后金政权实行三面合围。

王化贞的"急"和熊廷弼的"稳"，形成了尖锐的矛盾。

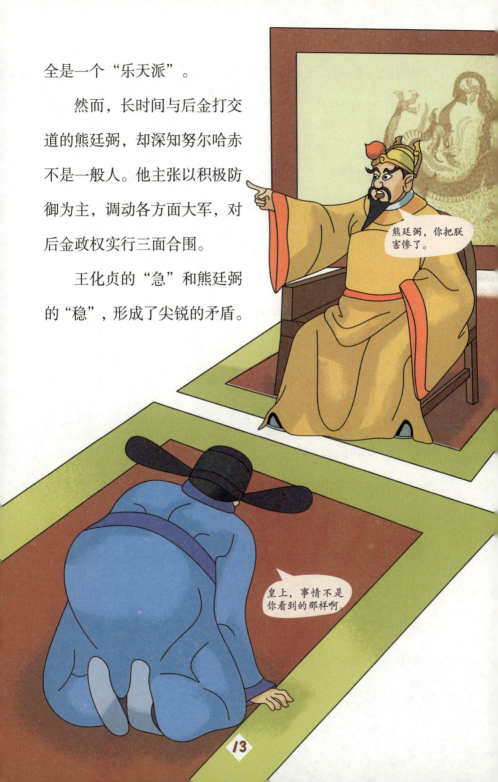

明朝最终采纳了王化贞的计策，而否定了熊廷弼。

1622 年正月，努尔哈赤利用辽河水结冰、人马易渡的时机，率八九万大军向广宁发起了进攻。

危急时刻，王化贞的"周密"算盘失算了：后金的镇江得而复失；察哈尔部答应的 40 万大军只来了一万；对李永芳的策反不仅没成功，爱将反而被李永芳策反。

两军交战后，明军很快惨败，王化贞弃城而逃，与自山海关率兵赶来的熊廷弼相遇。王化贞放声大哭，而熊廷弼极尽挖苦。王化贞无言以对。

后金军轻而易举地占领了广宁城，而后又连取被明军放弃的义州（今辽宁义县）等 40 多座城堡。辽西完全成了后金的地盘。

由于广宁战败，明熹宗开始秋后算账。王化贞被论罪入狱，熊廷弼被革职还乡。然而熊廷弼过于倔强，认为自己并没过错，还上书请罪，希望明熹宗采纳他的攻取辽东之计。但他万万没想到的是，这正给了朝廷中反对他的人以口实，给他编造了各种罪名，皇帝将他抓入狱中。1625 年，熊廷弼最终被含冤处死。

一代"战神"落幕

故事主角：努尔哈赤

故事配角：袁崇焕、孙承宗等

发生时间：1626年

故事起因：袁崇焕主动请缨守辽东，并在宁远做好全面守城准备

故事结局：努尔哈赤在率军进攻宁远时受重伤，不久便死去

　　自萨尔浒大战后，明王朝仿佛陷入了失败的魔咒，在与后金的数次交手中，都被打得弃城失地，毫无脾气。

　　1626年，看明军是个"软柿子"，努尔哈赤亲自率领13万人马渡过辽河，向宁远（今辽宁兴城）进攻。只是这位纵横沙场几十年的战神，做梦都没想到这次栽了。

　　此时的朝廷，经历一连串失败的战斗后，大臣们都

有些吓破了胆，不是战场上被后金军砍了，就是失败后被皇帝给杀了，几乎没人敢去前线，都当起了缩头乌龟。

但是袁崇焕是个胆大的人，他向兵部尚书孙承宗说："只要给我人马军饷，我就能守住辽东。"那些胆小的大臣们，听

说袁崇焕如此自告奋勇，都赞成让袁崇焕去试一试。于是，明熹宗给了他20万饷银，要他负责督率关外的明军。

俗话说："没有金刚钻，不揽瓷器活。"既然夸下海口，袁崇焕自然有自己的御敌之才。袁崇焕一到关外，就在宁远筑起三丈两尺高、两丈宽的城墙，装备了各种火器、火炮，还全面做好官兵的思想工作，使得明军的士气得到了很大鼓舞。

努尔哈赤听说宁远城新来的主帅是袁崇焕，根本没把他放在眼里。后金军一到宁远城下，努尔哈赤就发出攻城的命令。袁崇焕一声令下，明军立马用箭石"热情招待"。此时的后金兵像海潮一样，倒下一批，又上来一批。

一看后金军持续进攻，袁崇焕下令动用早就准备好的大炮，向后金军轰击。炮声响处，后金兵被炸得血肉横飞，纷纷后撤。

第二天，努尔哈赤亲自督战，集中优势兵力攻城。当后金军冲到逼近城墙的地方，明军便瞄准后金军密集的地方发炮。这样一来，后金军伤亡就更大了。不幸的是，正在督战的努尔哈赤也受伤了，全军不得不撤退。

面对宁远一战的失败，努尔哈赤愤恨、气恼，心有不甘，他对众将说："我自25岁就开始打仗，战无不胜，却在这小小的宁远城碰了钉子。"

努尔哈赤回到沈阳后，伤势越来越重，没过几天，就咽了气，终年68岁，一代战神的传奇就此落幕。

劝降也要找门道

故事主角：皇太极、洪承畴

故事配角：范文程、金升等

发生时间：1641 年

故事起因：松锦之战中，明朝将领洪承畴战败被俘，誓死不降

故事结局：皇太极多次派大臣劝降无果，后来在皇太极的持续感化下，洪承畴俯首称臣

　　1641 年 7 月，皇太极指挥了松锦之战，打垮了明朝将领洪承畴（chóu）率领的 13 万军队，洪承畴被俘。

　　洪承畴是明末的名将，极得崇祯皇帝信任。洪承畴被俘后，开始了绝食模式。他穿上污血斑斑的明朝服装，朝着北京的方向跪倒，向崇祯皇帝挥泪告别，并断然绝食，三天滴水不进。

　　皇太极敬洪承畴是条汉子，就派手下人前去劝降，进行洗脑，结果都被洪承畴骂得狗血喷头。

皇太极见劝说无效，仍不死心，就千方百计寻找洪承畴的弱点，以便加以利用。很快，洪承畴的仆人金升被皇太极收买，他献计说："我家主人性格刚硬，爵禄不能让他动心，刀斧不能让他屈服，只有见到美女或许能让他动心思。"皇太极采纳金升的建议，立即选派几个美女前去侍候，但还是一点效果也没有。

谋士范文程在劝降回来后，对皇太极说："我觉得洪承畴不会轻易去死，我在和他交谈的时候，见他很爱惜自己的衣服，又何况是他自己的生命呢？"皇太极感觉一下子找到了劝降的门道。

从这之后，皇太极对洪承畴厚爱有加，极尽礼遇。皇太极还到牢房里去看望洪承畴，不断嘘寒问暖。皇太极见洪承畴的衣服有些单薄，就脱下自己身上的貂裘（diāo qiú；用貂的毛皮制作的衣服），给洪承畴披上。

这一温暖的举动，彻底击溃了洪承畴宁死不降的心理防线。于是他在皇太极面前跪拜于地，俯首称臣。

醒木一响，评书开场！
品茶听书，为你讲述有滋有味的大清传奇；
真真假假，权且当茶余饭后的谈资……
今天，我要给大家讲的是——爱新觉罗氏的始祖传说！

爱新觉罗氏的始祖传说

很久以前，东北长白山上有一座布库里山，山上有一个湖泊，叫布勒瑚（hú）里湖。也不知是何年何月，天宫里的三位仙女突然心血来潮，偷偷溜到人间，来到布勒瑚里湖湖畔。

湖水分外清冽（liè）晶莹，三个仙女决定在湖里洗个澡。正在三位仙女玩得开心之时，一只喜鹊飞来，在三个仙女中最小的佛库伦头上久久盘旋。佛库伦感到奇怪，伸出手想要摸摸这只喜鹊。但没想到，喜鹊将口中衔着的一枚朱果吐到了她的手中，随后长鸣而去。

这枚朱果色泽红艳，散发着香气。见两位姐姐有穿衣服离开的意思，佛库伦忙把朱果放在嘴里，匆忙着衣，谁知一不留神把果子吞进了肚里。不一会儿，佛库伦感到有小腹下坠的异状，心知自己怀孕了。

两位姐姐得知事情的真相后，安慰她道："我们早已长生不老，时间的流逝对我们没什么意义。你就在这里把孩子生下来，等身子轻了再飞回去。"就这样，佛库伦独自留在了布库里山上。

没过多久，一个长相奇异的男孩呱呱（gū gū；形容小儿哭声）落地，他生下来就会说话，迎风就长，很快便长大成人。佛库伦给他起了个名字：爱新觉罗·布库里雍顺，将自己的身世和他的诞生经过讲给他听，并告诉他："你是上天安排出生的人，你的使命是平息天下战乱。现在，你沿着这条溪水一直往下走，那里有你成名立业的地方。"说完这番话，佛库伦便消失不见了。

布库里雍顺划着一叶独木舟顺流而下，来到长白山东南的一个地方，在溪水边搭起一座窝棚，暂时居住了下来。

在布库里雍顺居住的地方，有一座鄂多理城。城里有三户不同姓氏的人家，形成三派，终日里为了争夺鄂多理城的控制权而打个不休。

　　一日，城中有人去提水，发现溪边起了一座窝棚。走近一看，见里面住着个相貌奇异、举止不凡的年轻

人——布库里雍顺。

当下，布库里雍顺向来者介绍了自己，也将自己的使命告知。来者满心欢喜，连忙奔回城里，找到仍在械斗的三家首领，将情况一一讲明，并说："我想他会公平解决我们的争斗的，为什么不去问问他呢？"三家首领听罢，忙带人来到布库里雍顺的窝棚前。

见到布库里雍顺后，三家首领一商议，决定结束三家争斗，让这个上天派来的使者担任城中领袖。众人用手臂结成人轿，抬起布库里雍顺，浩浩荡荡地走回城中。

从此以后，布库里雍顺便成了鄂多理城之主，娶了城中如花似玉的百里氏之女为妻。鄂多理城终于迎来了安定、平静的日子。

然而，布库里雍顺死后没过几代人，城中再次陷入危机。一次极大的叛乱，布库里雍顺的子孙几乎被斩杀殆尽，只有一个名叫樊（fán）察的小男孩逃了出来。

当他逃到荒野上时，眼看就要被抓住，突然几只乌鸦落在他的肩膀上，追兵误以为樊察是一段枯树，从他的身边跑了过去。就这样，樊察侥幸逃脱，将爱新觉罗氏的血脉传了下去。

知识补给站

"八旗制度"是怎么回事?

努尔哈赤在统一女真各部的战争中,取得节节胜利。随着势力扩大,人口增多,他于1601年建立黄、白、红、蓝四旗,称为正黄、正白、正红、正蓝,旗皆纯色。1615年,努尔哈赤在原有的四旗之外,增编镶黄、镶白、镶红、镶蓝四旗,把后金管辖下的所有人都编在旗内。

你知道"爱新觉罗"的含义吗?

爱新觉罗,是清朝皇室姓氏。满语"爱新"为金的意思。一般认为,爱新觉罗一姓中,觉罗为姓,爱新是族名,两者的关系类似汉族中某姓和某家族的关系。除爱新觉罗外,觉罗这一姓氏还有伊尔根觉罗、舒舒觉罗、通颜觉罗等分支,都源于同一始祖。

第**2**章

多尔衮的霸权时代

有言在先

当羽翼未丰的福临当了皇帝后，摄政王多尔衮便成了主要依靠的"大树"。多尔衮很有领导和军事才能，攻克山海关、进驻紫禁城、消灭大顺军、统一全天下，功劳也是拿到手软。君弱臣强，自然小皇帝遭殃，从叔父摄政王、皇叔父摄政王，再到皇父摄政王，多尔衮不是太上皇，胜似太上皇，也迎来了呼风唤雨的霸权时代。正当多尔衮权力盛极一时之际，却因为一场狩猎而命丧黄泉。

扶子上位的庄妃

故事主角: 庄妃

故事配角: 豪格、多尔衮、皇后、代善等

发生时间: 1643 年

故事起因: 皇太极死后,满洲贵族为争夺皇位而剑拔弩张

故事结局: 庄妃适时出手,在一番规劝后,将六岁的福临扶上皇位

1643 年,清太宗皇太极突患疾病暴亡。皇太极一死,满洲贵族内部乱套了,皇太极的兄弟们、儿子们都眼巴巴地盯上了皇位。围绕帝位继承问题,爱新觉罗家族的子孙们展开了内斗。

在众多竞争者中,皇太极的长子肃亲王豪格、皇太极的兄弟多尔衮,是争夺皇位的最大热门人选。叔侄俩势均力敌，各不相让。

皇太极的宠妃庄妃一看双方剑拔弩张，听到了**磨刀霍霍**（形容为做好某件事而提前做充分准备、跃跃欲试的样子）之声，她就想平息这场危险的争斗。

庄妃想好了一个折中的方案：她要把自己的儿子福临推上皇位。这样不仅能给皇位之争降温，自己也能从中得利，可谓两全其美。

庄妃决定之后，立即找皇后商量。为避免发生血战，皇后决定支持庄妃，让福临继位。

福临继位后，我退居后宫，决不参政。

皇后和庄妃一起去劝说豪格，豪格却总觉得委屈。豪格回到家中后，对爱妻说道："我德小福薄，不堪继位。让皇九子继位还可以，让多尔衮继位我决不同意。"

说通豪格后，庄妃和皇后立即召德高望重的大贝勒代善入宫。当皇后提出要立福临时，他沉默了。他想，如果立福临，庄妃不就听政了吗？大清国说什么也不能掌握在一介女流手中！庄妃似乎看透了他的心思，诚恳地说道："大贝勒素以国事为重，请放心，福临继位后，我退居后宫，决不参政。"代善终于默认了。

抓住这个时机，庄妃决定面见多尔衮。当多尔衮听到不拥立豪格，顿时松了一口气。

庄妃见时机已到，说道："我有一个办法，我儿福临，年方六岁，可以让他继位，以王爷为摄政王。这样，诸王贝勒不好公开反对，而王爷又能控制实权。不知王爷意下如何？"多尔衮见庄妃说得有道理，终于决定不再争当皇帝，并表示会全力协助其侄福临登上皇位。

1643 年，六岁的福临在沈阳继承帝位，第二年改元顺治，是为清世祖。一场即将燃起来的内斗火焰，就这样被庄妃给浇灭了。

史可法血战扬州城

故事主角：史可法

故事配角：多铎、多尔衮等

发生时间：1645 年

故事起因：多铎带领清军进攻南明政权，在扬州遭到史可法顽强抵抗

故事结局：攻破扬州城后，清军进行了屠城

1644 年，清军顺利入关，并定都北京城。第二年，多尔衮派多铎（duó）带领清军，大举进攻南明政权，南下之路开始很顺，却在扬州碰到了硬茬子——南明兵部尚书史可法。

此时的扬州城已是一座孤岛，史可法曾发出紧急求救信号，请求周边将领援助扬州，但没有任何回应，更不见有人派兵。万念俱灰的史可法，只好依靠扬州军民了。

看史可法是条汉子，多铎就派人到城里劝史可法投降，一连派了五个人，都遭到了严厉拒绝。一看他软硬

不吃，多铎恼羞成怒，下令把扬州城围了个水泄不通。

危急时刻，一些"骑墙派"开始动摇了。第二天，就有一个总兵和一个监军带着本部人马，出城向清军投降。这样一来，城里的守卫力量就更少得可怜。

见史可法依然不低头，多铎命令清兵不间断地轮番攻城。扬州军民奋勇作战，把清兵的进攻一次次打退，清兵死了一批，又上来一批，如潮水一般。

见清军死伤惨重，多铎下了狠心，命令用大炮攻城。炮弹一颗颗落下来，城终于被轰开了缺口。史可法眼看城守不住了，拔出佩刀就要自杀，却被随从把刀夺了下来。

史可法还不愿走，部将们连拉带劝地保护他出了小东门。这时候，有一批清兵冲过来，看见史可法穿着明朝官员的装束，就吆喝着问他是谁。史可法怕连累别人，就高声说："我就是史督师！"

1645 年 4 月，扬州城陷落。多铎因为攻城的清军遭到很大伤亡，心里恼恨，不仅杀了史可法，还下令屠杀扬州百姓，屠杀延续了十天。历史上把这件惨案称为"扬州十日"。

想要脑袋就剃头

故事主角： 多尔衮

故事配角： 孔闻謤、陈名夏、江南汉族百姓等

发生时间： 1645 年

故事起因： 清朝发出了全国性的"剃发令"，引发了汉族民众的抵制

故事结局： 因为抵制"剃发令"，江南汉族百姓遭到残酷镇压和杀戮

1645 年，为了树立威严，摄政王多尔衮发出了一个全国性的"剃发令"。当时的汉族人一下子炸锅了，身体发肤受之父母，怎么可以发布如此命令？

当时满族人的发式，很难为汉族人所接受。剃发时，只在头顶中心留一铜钱大的头发打辫子，四周要干净无发，必须做到"五天一打辫，十天一剃头"，这个头型还有个形象的名称——金钱鼠尾辫。

对于这个金钱鼠尾辫，很多汉族人表示强烈不满和

反对。清王朝对此还下了死命令："各处军民必须全部剃发，谁不服从，就砍谁的脑袋。"

陕西河西道孔闻謤（biāo）冒死上奏，奏章引经据典，头头是道，中心意思就是请求停止剃发令。但多尔衮的回应却简单粗暴："剃发必须执行，违抗者杀无赦。"碰了一鼻子灰的孔闻謤为此还丢了官。

仅仅是丢官还是好的，名士陈名夏看到各地出现反对剃发令的斗争，评价道："留发复衣冠，天下可太平。"不久之后，他因为这句话而被满门抄斩，很是凄惨。

强迫剃发激起了江南汉族人民的强烈反抗。为了镇压，清军动用武力，一时之间，江南各地血流成河。江阴城城内男女老少，争相赴水、投火，将抵抗进行到底。清军也是毫不含糊，连杀二日，直到找不到活人才封刀。

昆山地区本来人心平定，但剃发令一下，民众便揭竿而起，直接造反了。他们先是杀掉清军的地方官，后又烧掉了府衙，清军镇压后，伤亡惨重。

1645 年，清军用炮火攻开了嘉定的城门，城里的民众无法逃生，便纷纷投河而死，一时之间，河水都不流通了。当时的江南，完全成为人间地狱。

经过几次屠杀，江南大部分地区的人们都老实了，纷纷剃发，心不甘情不愿地做起了顺民。

一代枭雄抱憾离世

故事主角：顺治皇帝、多尔衮

故事配角：豪格、济尔哈朗、苏克萨哈等

发生时间：1644 年—1650 年

故事起因：多尔衮掌控着大清国政，疯狂打压异己，顺治帝成了傀儡

故事结局：多尔衮死后，顺治皇帝撤其爵位，进行彻底清算

清朝迁都北京时，顺治皇帝还是个娃娃，大清国政都被多尔衮大包大揽，多尔衮俨然成了"太上皇"，越发**嚣张跋扈**（xiāo zhāng bá hù；指很强势，横行霸道，气焰嚣张）起来。

肃亲王豪格和多尔衮是死对头，因为多尔衮大权在握，一手遮天，他也只能有怒不敢发，有话不敢说。但即使这样，仍没能幸免于难。公元 1648 年，多尔衮随便找了一个理由，就将豪格囚禁起来。没多久，便传出豪

格死去的消息，死因不明。

肃亲王豪格死了，郑亲王济尔哈朗就成了多尔衮的下一个目标。济尔哈朗虽然手中没有权力，但是多尔衮就是看他不顺眼。为了收拾济尔哈朗，多尔衮不断给他出难题。很快，济尔哈朗的辅政之位也被多尔衮罢免了。不久，济尔哈朗又被贬为多罗郡王。打败两大有资历的对手，多尔衮紧握朝中大权，顺治皇帝也成了真傀儡（kuǐ lěi）。

常言道："天狂必有雨，人狂必有祸。"1650年11月，多尔衮外出打猎，不慎从马上摔下来，因为医治不及时，病情急转直下，不久便死去了。

人是死了，但是事还没算完。第二年正月，多尔衮的贴身侍卫苏克萨哈向顺治皇帝递上一封检举信，揭发多尔衮生前的各种罪过。此时，年仅13岁的顺治皇帝终于摆脱了多尔衮的控制。他迅速召集王爷、大臣密议，汇总多尔衮的罪状。

不久，顺治皇帝就宣布了多尔衮的十大罪状，并下诏追论多尔衮生前的"谋逆罪"；没收多尔衮的家产，去除他的爵位，大肆诛杀他的同伙。

尽管多尔衮生前立下了不世之功，但却在死后不久从荣誉的顶峰跌落下来。至于其功与过，只能留给历史去评判。

大人小心。

知识补给站

清朝"兵"与"勇"有什么区别?

清代士兵服饰的后背上有的标一个"兵"字,有的则标一个"勇"字,两者性质有所不同。"兵",是朝廷的常备武装,主要包括八旗兵和绿营兵两部分,属于国家的职业军人,称为"经制兵";而"勇"是朝廷的一种临时招募兵。

清朝官员在朝见皇上时,为何要把袖子掸下来?

为了让满族子孙不忘骑射的本领,清太宗皇太极特别强调,文武官员的官服一律都要带有箭袖。清朝的各级官员们平时把箭袖挽起来,在朝见皇上或者王公大臣时,敏捷地把袖子掸下来,然后两手伏地跪拜行礼,这一动作成为清朝礼节中规定的动作,叫作"放哇哈"。

第 **3** 章

政绩满满的康熙帝

有言在先

　　顺治皇帝死后，八岁的玄烨登上了皇位，从此开始了 61 年的帝王生涯。当时的大清，内有权臣掌控朝政，藩王惹是生非，更有敌对势力虎视眈眈，给康熙皇帝出了一堆的大难题。但雄才大略的康熙皇帝，不为内忧所累，不为外患所扰，少年时智擒权臣鳌拜，成年后平三藩、收台湾、三征噶尔丹、驱逐挑事的沙俄。一连串的高分成绩单，使康熙皇帝成为中国历史上最成功的帝王之一。

老外插手，三皇子得利

故事主角：汤若望、玄烨

故事配角：顺治皇帝、福全等

发生时间：1661 年

故事起因：顺治皇帝病重，在选谁当继承人的问题上犯了难

故事结局：顺治皇帝接受汤若望的建议，立玄烨为皇太子

　　1661 年，顺治皇帝病重，选谁当继承人成了他最为头疼的难题。但意料之外的是，这件原本该是中国人自己拿主意的事，却被一个德国人给解决了。正是因为这个德国人的插手，让原本排不上号的三阿哥玄烨（yè）成为下一任皇帝。这个德国人就是传教士汤若望。

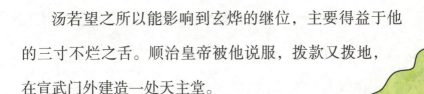

汤若望之所以能影响到玄烨的继位，主要得益于他的三寸不烂之舌。顺治皇帝被他说服，拨款又拨地，在宣武门外建造一处天主堂。

1653 年，汤若望被顺治皇帝赐予"通玄教师"封号。不久，顺治皇帝又为汤若

望御撰（zhuàn）《天主堂碑记》一文，赐予了"通玄佳境"的堂额。

1654 年，玄烨出生。在他出生前后几年，顺治皇帝和"玄"字杠上了，给汤若望的赐物里两次带有"玄"字，自己的儿子名字里也带有"玄"字，仿佛冥冥之中自有天意。

按照常理，玄烨作为三皇子，根本不可能成为继承人。虽然大皇子已死，但还有二皇子福全。按照长幼排序，无论如何也轮不上三皇子。

但命运有时候就是不按常理出牌。此时汤若望极力推荐玄烨，还说出来一个谁也无法反驳的理由——玄烨出过天花，有了免疫力，今后再也不会出了，而福全还没出过，难保以后不会出。

经过汤若望的举荐，也为了皇位的安稳考虑，顺治皇帝最终打破了继承惯例，听从了汤若望的意见，册封玄烨为皇太子。可以说，这是汤若望对清朝政府长远发展的一次大贡献。

姜不一定是老的辣

故事主角: 康熙皇帝、鳌拜

故事配角: 索尼、索额图、少年摔跤手们等

发生时间: 1661 年—1669 年

故事起因: 鳌拜大权在握、结党营私，成为康熙皇帝的大患

故事结局: 利用鳌拜进宫的机会，康熙皇帝率领少年亲信侍卫将鳌拜擒获

年幼的玄烨登基后，就面对着一个重量级的对手——满洲第一勇士鳌（áo）拜。康熙皇帝执政以来，鳌拜大权在握、狂妄自大，根本不把小皇帝放在眼里。鳌拜成了小皇帝心中最想拔、最难拔的钉子。

康熙皇帝 14 岁时亲政，为了除掉这个**专横跋扈**（zhuān hèng bá hù；专断蛮横，任意妄为，蛮不讲理）的权臣，他就把一些忠实可靠、年少有力的满洲子弟召来宫中习武。

这时候，老臣索尼让自己的儿子索额图亲自统领这些挑选出来的少年们，每天在宫中练习摔跤，有时候还抓蝈蝈、捉迷藏。康熙皇帝以玩乐的方式麻痹了鳌拜。有兴致的时候，鳌拜还会亲自示范。鳌拜以为康熙皇帝天性好玩，是个小糊涂虫，心里不免更加得意、坦然。

这小皇帝就是个"糊涂虫"。

46

1669 年，康熙皇帝与索额图等设下计谋，想用摔跤这个游戏将他拿下。

康熙皇帝对少年们说："大清朝已处于危急关头，你们听我的，还是听鳌拜的？"

那些少年早就不满鳌拜欺上压下的行为，个个义愤填膺（yīng）地喊道："我们听皇上的！"

随后，康熙便将鳌拜召进宫来，鳌拜不知是计，便

鳌大人能陪我一起玩吗？

大摇大摆地来见皇帝。康熙皇帝便命那些少年玩摔跤游戏给鳌拜看。

少年们玩着玩着，一个个跌打翻滚地到了鳌拜身前，这个抱腿，那个拽手，一个抓住头，一个揽住腰，顿时将鳌拜掀翻在地。鳌拜力大无穷，他猛一挣扎，那些少年都被他绊落跌翻。这些少年尽管敌不过鳌拜，仍死命纠缠住他不放。

危急关头，康熙皇帝拿出藏在袖中的匕首，一刀刺进鳌拜的胸中，众少年蜂拥而上，将鳌拜擒住，康熙皇帝当即宣告：鳌拜谋反。

康熙皇帝趁热打铁，又铲除了鳌拜的党羽，将鳌拜革职立斩，没收家产，其党羽或绞或斩。

这一事件，在朝野上下掀起了轩然大波，大臣们极度震惊，**不可一世**（形容目空一切、狂妄自大到了极点）的鳌拜，竟然栽在了一个 16 岁的小皇帝手中。

三个藩王一台戏

故事主角：康熙皇帝

故事配角：吴三桂、尚可喜、耿继茂、朱国治、折尔肯等

发生时间：1673 年—1681 年

故事起因：康熙皇帝决定撤藩后，平西王吴三桂等彻底反叛

故事结局：经过八年的内战，吴三桂被灭，三藩问题得到彻底解决

康熙皇帝亲政后，有一个很大的心病，那就是南方的三个藩王。这三个藩王，让康熙皇帝寝食难安。

平西王吴三桂、平南王尚可喜、靖（jìng）南王耿继茂，都曾为清王朝一统天下立过大功。如今的三藩，拥兵自重，俨然成了割据一方的土皇帝。正在康熙皇帝犯难的时候，平南王尚可喜把机会送上门来了。

1673 年，尚可喜上奏要求归老辽东，并主动提出了撤藩。康熙皇帝很是惊讶，他立即顺水推舟，答应了尚可喜的要求，并对他大加表彰和赞赏。

康熙皇帝的举动，很快引起了其他二藩的恐慌。靖南王耿精忠（耿继茂的儿子）和平西王吴三桂迫于压力，也上书要求撤藩。这吴三桂假惺惺（假心假意的样子）地请求撤藩，实际上希望朝廷挽留住他。谁料戏没演成，康熙皇帝还借此来了个真撤藩。

1673 年 8 月，康熙皇帝分别派人前往云南、广东和福建，会同地方官员料理三藩迁移事务。

一看康熙皇帝动了真格的，吴三桂气得不行，开始密谋起兵。很快，吴三桂杀死了云南巡抚朱国治，扣留了折尔肯，自称"周王"，与清朝彻底撕破脸。

吴三桂反叛的消息传到北京，举朝震惊。康熙皇帝当即决定要征讨吴三桂。吴三桂在起兵前后，致书鼓动平南、靖南二藩，以及贵州、四川、湖广、陕西等地官员一起造反。

你有张良计，我有过墙梯。康熙皇帝来了个剿灭、招抚两手策略：一方面，以强大兵力与他们"掰手腕"；一方面，亲自致书王辅臣、耿精忠等人，表示只要他们"投诚自归"，就免去前罪。很快，耿精忠乖乖地投降，尚可喜之子尚之信也开始反吴，那些蒙受蛊惑的将领和将官也纷纷倒戈，吴三桂成了孤家寡人。

1678 年，吴三桂暴病身亡，其孙子吴世璠（fán）继续与清朝鏖战。1681 年，昆明城破，历时八年的内战以吴三桂的覆灭而告终。

被打疼的沙俄

故事主角：康熙皇帝

故事配角：俄国沙皇、彭春、托尔布津、拜顿等

发生时间：1685年—1689年

故事起因：趁清朝兵力空虚，沙俄趁机占领了雅克萨

故事结局：经过两次雅克萨之战，最终将沙俄军队赶走

康熙皇帝为了平三藩，把大批兵力调到西南去了。有个俄国逃犯带了84名匪徒逃窜到我国的雅克萨地区，在那里筑起堡垒，到处抢掠。他们把抢来的貂皮献给俄国沙皇，沙皇不仅赦免了他们，还任命匪首做了雅克萨长官。

1685年，康熙皇帝致书俄国沙皇，要求俄军撤走，但对方不但不撤，反而向雅克萨增兵，要将对抗进行到底。康熙皇帝随即发布了"剿匪"的命令，要给这群洋人点颜色看看。

清军主力一到雅克萨城，都统彭春就向俄军头目托尔布津发出最后通牒，但这家伙自恃巢穴坚固，准备**负隅**（yú）**顽抗**（指依仗某种条件，顽固地进行抵抗）。很快，清军将雅克萨城围困起来。

清军开始猛烈攻城，在一阵阵大炮的轰炸下，俄军死伤惨重，塔楼与城堡被轰塌了，城内尽被火药箭烧毁，托尔布津被迫乞降。至此，被俄国窃踞长达 20 年之久的雅克萨重返祖国。

1685 年秋，俄国派兵 600 名增援尼布楚。托尔布津获悉清军撤走后，即率兵携带大炮再度侵占雅克萨。俄军这次不仅重建城堡，还筑起了炮垒，城外也挖了数道壕沟。

一看上次没将俄军打疼，1686 年初，康熙皇帝再次下令反击。清军 2000 余人再次围攻雅克萨。清军不仅连续攻城，还不断施放炮火，俄军不得不藏在地穴中躲避炮火。清军见强攻不下，就改为围困，每日向城内发炮轰击。

一天，托尔布津登楼侦察时，被清军炮弹击中，当即毙命；拜顿代行指挥，继续顽抗。

在清军的持久战下，俄军人数逐日减少。在饥寒交迫中，原来826名俄军只剩下66人。雅克萨城危在旦夕，清政府再次建议沙皇以谈判解决问题。鉴于失败已成定局，沙皇就同意了。

清军解除对雅克萨的封锁，并准许俄军残部撤往尼布楚，雅克萨战争至此结束。

输不起的噶尔丹

故事主角：康熙皇帝

故事配角：噶尔丹、清军军队、噶尔丹军队等

发生时间：1690 年—1697 年

故事起因：噶尔丹到处惹是生非，甚至与清朝兵戎相见

故事结局：康熙皇帝三征噶尔丹，彻底平息了噶尔丹部的叛乱

康熙年间，蒙古族分为漠南蒙古、漠北蒙古和漠西蒙古三个部分。除了漠南蒙古归属清朝外，其他两部也都向清朝臣服了。准噶尔部是漠西蒙古的一支，本来在伊犁一带过着游牧生活。自从噶（gá）尔丹统治准噶尔部以后，就到处惹是生非，漠西蒙古、漠北蒙古很多部落只能向清朝政府求救。

康熙皇帝本想劝噶尔丹就此收手，立即退兵。但噶尔丹坚称要打到北京去，还策动大军向东杀来。

1690 年，康熙皇帝决定严惩噶尔丹，亲率大军西征。

初次与噶尔丹交锋，清军并没有捞到便宜，甚至还吃了败仗，毕竟千里挥军举进，不是闹着玩的。噶尔丹因此更加轻视清军，向清军发动猛烈攻势，一直打到离北京只有700里的乌兰布通。

在与噶尔丹的乌兰布通战役上，康熙皇帝充分动用了猛烈的火炮攻势，将噶尔丹的军队轰得丢盔卸甲、血肉横飞，狼狈逃窜，再没有开始时候的"意气风发"了。不得已，噶尔丹带着残兵败将逃回了老家。

康熙皇帝本来决定不计前嫌，派使者去邀请噶尔丹讲和。没想到噶尔丹不但拒绝南来，还将使者杀害了。为了能在接下来的战斗中打败清军，噶尔丹还特意向俄国借了枪弹。康熙皇帝见此情景，决定第二次亲征噶尔丹。

1696年，康熙皇帝率大军十万，兵分三路，从各个方向袭击噶尔丹。三路中最主要的一路由康熙皇帝亲自统帅。亲征路上困难重重，吃不饱穿不暖，但康熙皇帝坚持和士兵们同进退、分甘苦，士兵们也保持了高昂的士气。

很快，噶尔丹的军队就被清军的强大"气场"吓到了，虽然有了俄国的枪弹，却也不敢肆意妄为。听说康熙皇帝亲自挂帅，还没有开打，就有了叛逃之人，军中士气一落千丈，不堪一击。这一次，噶尔丹还是成了漏网之鱼——带着几十名骑兵跑掉了。

　　1697年春天，康熙皇帝再次带着大军出征，围剿噶尔丹残余部队。噶尔丹走投无路，只好服毒自杀了。

朕亲自出征，没有办不成的事情。

醒木一响，评书开场！
品茶听书，为你讲述有滋有味的大清传奇；
真真假假，权且当茶余饭后的谈资……
今天，我要给大家讲的是——臭豆腐的来历！

臭豆腐的来历

　　相传在清朝康熙年间，有个从安徽来京城赶考的书生，名叫王致和。这个王致和没有考中，只得每日闲居在会馆中，想要返回家乡，可是交通不便，而身上的银两也花得差不多了，于是他打算留在京城继续读书，为下次考试做准备。可是距离下次考试还有一段时间，这期间他靠什么维持生计呢？

　　王致和的父亲是做豆腐的，在家乡开了间豆腐坊，王致和幼年时也曾学过做豆腐，于是他便在会馆附近租了间房，买了一些简单的用具，每天磨上一些豆子做成豆腐，沿街叫卖。当时正值盛夏，有时卖剩下的豆腐很快就发霉（méi）了，无法食用，但王致和不甘心就这样浪费掉，于是他苦思对策，将这些豆腐切成小块，稍加晾（liàng）晒，然后找来一口小缸，用盐腌了起来。

就这样，靠着卖豆腐的钱，王致和勉强挨过了一段时期。眼见考试的日期又近了，于是他停业读书，渐渐地把这件事忘了。这一次，王致和又没有考中，他只得重操旧业，再做豆腐来卖。他突然想起那缸腌制的豆腐，赶忙打开缸盖，一股臭气扑鼻而来，取出一看，豆腐已呈青灰色，用口尝试，觉得臭味之余却蕴（yùn）藏着一股浓郁的香气，虽然不是什么美味佳肴（yáo），但是送给邻里们品尝，他们都称赞不已。

王致和想到自己总也考不中，干脆弃学经商，加工起臭豆腐来。由于臭豆腐价格低廉，可以佐餐下饭，所以渐渐打开了销路，生意也兴隆起来，"王致和臭豆腐"就这样流传了下来。

第 4 章

雍正是个"工作狂"

　　雍正皇帝的上台，可谓是充满了各种猜测。但论起本职工作来，雍正皇帝也是绝不含糊。他在位 13 年，始终日理万机，以勤治天下，是清朝最勤奋的皇帝。雍正皇帝在治理贪污腐败上，也是颇具铁腕手段，拔草也除根，吓得贪官不敢越雷池一步。在雍正皇帝的治理下，大清国的国力始终处于爬坡阶段，为后来的盛世奠定了基础。

60

"拼命四郎"雍正帝

故事主角: 雍正皇帝

故事配角: 无

发生时间: 1722 年—1735 年

故事起因: 雍正皇帝即位后，每天批阅大量奏折，处理各种军国政务

故事结局: 雍正皇帝勤劳治国，将清朝推向盛世的道路

　　康熙皇帝曾几次南巡，多次打出民生牌，在百姓心中留下了高大的形象。但是雍正皇帝掌权后，却和父亲截然相反，他不仅从未南巡过，甚至连北京城都几乎没有出过。给人的感觉他是个大门不出，二门不迈的皇帝。是雍正皇帝不专政事，还是他不重视百姓民生？都不是。一个重要的原因是：他很忙！

雍正皇帝是出了名的"拼命四郎"。他到底有多拼多忙呢？有一组数据，可以说明他的工作量有多大：现存的雍正朝奏折共有 41 600 多件，其中汉文奏折 35 000 多件，满文 6600 多件。以他在位 12 年零 8 个月计算，他平均每天批阅奏折 10 件。除了奏折以外，还有六部及各省的大量题本，据估算，雍正皇帝在位共处置此类题本 192 000 多件，也就是说，他平均每天要处置 40 件以上。雍正皇帝看完奏折和题本，还要亲笔书写朱批，提出自己的看法，有的朱批竟有数千字之多。

除此之外，雍正皇帝还要处理各种军国政务。官吏任免、人民生活、农业工商等，雍正皇帝都要亲自过问，可谓是日理万机，把一天当作两天用。

雍正皇帝自称"以勤治天下"，这绝不是自夸之言。雍正皇帝的勤奋，可以用"废寝忘食，夜以继日"来形容。据说他全年几乎无休，每天只睡四个多小时。这样的工作态度，不要说皇帝，就是普通人也很难做到。而且，雍正皇帝不是一天这样做，他这样连续做了 13 年。这份勤奋和努力，就是他的可贵之处。

苦心人，天不负，雍正皇帝的勤勉和付出，也获得了丰厚的回报。雍正皇帝即位时，由于边境战事频频，贪污腐败严重，导致国库常年亏损，康熙皇帝只给自己留下 800 万两白银的家底。经过他十多年的治理，国库的白银达到了 6000 多万两，为清朝重回"盛世"打下基础。

只可信一半

故事主角：雍正皇帝

故事配角：石文焯、吴关杰、年希尧等

发生时间：1723 年—1726 年

故事起因：雍正皇帝对弄虚作假、溜须拍马的官员，经常痛批

故事结局：在雍正皇帝的务实治理下，清朝的官场风气得到了很大改善

在大清朝的官场上，有很多弄虚作假的官员，要么隐瞒糟糕的真实情况，要么就是"报喜不报忧"，雍正皇帝对此很是厌恶。对于这类奏报，雍正皇帝毫不客气地指出："只可信一半。"对于一些谎话连篇的大臣，雍正皇帝也是毫不客气地进行痛批。

1723 年，河南发生蝗灾，巡抚石文焯（zhuō）向雍正禀报说，经过省里官员的努力，绝大多数蝗群已经扑灭，百姓的生产生活没有太大影响。但雍正皇帝却早就从密

折中得知实情，根本没有石文焯说的那么好，于是在朱批中严厉斥责了他。

谁知这石文焯长脑袋不长记性。1726年，甘肃遭受旱灾，好容易下了场小雨，已经调任甘肃巡抚的石文焯又犯了老毛病。他向雍正皇帝汇报说，由于皇上敬天爱民，甘肃旱情不足为患，粮食有望丰收，话里话外又是一幅丰收在望的景象。雍正皇帝看了奏报，气不打一处来，挥笔批道："经过这样的大旱，怎么可能丰收？这些不着边际的话，实在是令人讨厌。"

雍正皇帝对官员的溜须拍马、奉承迎合也非常不喜欢。山东兖（yǎn）州知府吴关杰上奏折，请求所有文武官员都要在衙门的屏门上刊刻皇帝谕旨，被雍正皇帝顶了回来；年羹（gēng）尧的哥哥年希尧在广东巡抚任上时，给雍正皇帝写密折，称颂皇帝"料事如神"，也被批为"没一句真话"。

为杜绝臣子们的欺瞒互骗，雍正皇帝曾反复提醒大臣们，凡事要亲力亲为，不可轻信属员。正是雍正皇帝的务实之举，使得清朝的官场风气得到了很大改善，在清朝历史上留下了浓重的一笔。

皇帝是个反腐高手

故事主角： 雍正皇帝

故事配角： 贪官污吏、大员、皇亲国戚等

发生时间： 1722年—1735年

故事起因： 针对严重的贪污腐败，雍正皇帝决定实施最强势的反腐行动

故事结局： 在雍正皇帝强势的反腐下，再无贪官出现，国库税银开始增多

雍正皇帝刚刚即位时，由于康熙皇帝晚年管理不力，官员贪污腐败严重，国库亏空竟然达几百万两白银，堂堂大清国，只剩下一副空架子。雍正皇帝接过烂摊子，不仅痛心疾首，也对贪官污吏恨之入骨。

雍正皇帝的第一件事，就是对贪污腐败砸下一记重锤，实施了史无前例的反腐行动。1723年正月，雍正皇帝连续颁布11道谕旨，对各级官员进行严重警告。这些谕旨，层层下发，中央查地方、后任查前任，甚至连老

百姓也被牵涉进来。雍正皇帝警告百姓，谁也不许借钱给地方官员填补亏空。

雍正皇帝对于贪官有三种惩罚手段：一罢官，二索赔，三抄家。一个贪官被揪出来后，先罢官，后索赔，杀人的偿命，欠债的还钱，与贪污官员有关联的人，一律彻查，无论涉及什么人，都决不放过。

有很多贪官一看形势不对，就想自杀，想以死来保全财产和家人，但这招在雍正皇帝这里行不通。即使畏罪而死，也是白死，该抄家的还是会被抄家，皇帝丝毫不手软，很多贪官家里被抄得一干二净。在雍正皇帝的强力反腐下，不少官吏被革职抄家，即使是皇亲国戚也不能幸免。

一时间，贪官污吏们人人自危，如惊弓之鸟。雍正皇帝的反腐很快就起到了震慑效果，再也没有人敢伸出贪婪之手了。短短几年时间，国库的税银开始直线上升。

在杀得贪官人仰马翻之际，雍正皇帝对大臣们说："我知道你们的日子不好过，如果你们缺钱，国家可以给你们一些养廉补贴。"随着"养廉银"制度的实施，很多官员兜里有钱了，也不敢再顶风作案了，毕竟代价太大，风险太高。

　　在雍正皇帝强势的反腐下，贪官污吏被抓的抓、杀的杀，再也难以见到兴风作浪的贪官了，甚至还出现"雍正一朝无官不清"的说法。

是贪官，都得死。

雍正：我对文字很"敏感"

故事主角：雍正皇帝

故事配角：查嗣庭、汪景祺、查氏族人等

发生时间：公元 1726 年—公元 1727 年

故事起因：查嗣庭因为江西乡试考题而被下狱，他的全家也统统被捕

故事结局：查嗣庭自杀，查氏族人也受到了牵连

浙江海宁的查氏家族，是非常有名的名门望族。明清时期，几乎每代都有大量子弟金榜题名。然而就是这样的望族，在雍正初年却因为一桩文字狱几乎家破人亡。

查嗣庭是浙江海宁查氏家族的第十二世子弟，后来官至内阁学士兼礼部左侍郎。但他的内心有股骄傲劲儿，还总喜欢在字里行间对现实冷嘲热讽。雍正皇帝曾写了一首诗，查嗣庭居然为此赋诗一首，并记在其日记上，其诗语句狂傲，字里行间流露出尖酸刻薄的意思。

1726 年秋，查嗣庭出任江西乡试正主考，按照科举制度规定，三道题目均由正主考拟定，范围为四书五经

中的语句。查嗣庭出的三道题目，看起来并无不妥之处，而且考试时检查严格，也并没有**徇私舞弊**（为了私人关系而用欺骗的方法做违法乱纪的事）。

乡试结束后，查嗣庭回到北京。谁知当晚，一队全副武装的兵卒砸开了查府大门。队伍一拥而入，当中簇拥着一名天使官。天使官当庭而立，展开圣旨高声朗读——原来皇帝下旨，称有人告发查嗣庭有对朝廷不敬之言，因此查抄查府，并将查嗣庭全家 13 口统统逮捕。

查嗣庭被捕三天后，雍正皇帝宣布了其罪状。在谕旨中，雍正皇帝对江西乡试的几道题目大加批判。原来，在此事之前，被处理的浙江士人汪景祺（qí）曾著《历代年号论》一书，认为"正"字是由"一"和"止"字构成，含义不吉利，历代年号凡带"正"字的都很糟糕。这毫无疑问让雍正皇帝极其恼火。而倒霉的查嗣庭，这次所出的题目中又恰恰有"正"字。再加上查嗣庭日记中的那些胡言乱语，于是查嗣庭的罪行就这么确定了。

一人犯罪，全家遭殃。雍正皇帝随即又命浙江地方官搜查其海宁老家，并将所有家人逮捕，解送北京。

查嗣庭颇有些宁死不屈的耿直劲儿。1727年，他自知绝无生还可能，索性自寻短见一了百了——在狱中服毒自尽了。谁知查嗣庭的死，反而让雍正皇帝更加火冒三丈。雍正皇帝认为，既然查嗣庭有罪，即使是死，也应该由朝廷明正典刑，而不是自杀身亡。

所以，查嗣庭的死，给查氏族人带来了更大的灾难。族人或死于狱中，或被判斩监候；或被处流放，或罚为奴婢。经此一案，江南学士从此更加俯首帖耳，不敢对朝局妄加议论。

醒木一响，评书开场！

品茶听书，为你讲述有滋有味的大清传奇；

真真假假，权且当茶余饭后的谈资……

今天，我要给大家讲的是——李卫当官！

李卫当官

康熙年间，有个富人家的公子哥，名叫李卫。为了能进仕途，李卫就通过走后门花钱买了个小官，没想到他在官场很吃得开，而且这官也是越做越大。

有一次，雍正皇帝发现各省钱粮亏欠很多，下诏要进行彻底清查。各省官员一听，顿时吓得把心提到了嗓子眼。

李卫当时是浙江总督，听闻此事，就主动上奏朝廷，希望自己能够协助钦（qīn）差大臣处理相关事情。雍正皇帝同意了他的提议。

　　很快，李卫以生日为由，命各州县的官员速来拜贺，趁机将一干人等召进密室，让各人如实上报亏欠情况，

你们有什么事情，现在可以说了。

说他自有办法化解。

钦差大臣彭维新，此前已在江南多省揪出了一堆贪官污吏。岂料一到浙江，被李卫协助清查的批示镇住了，不得不与李卫商量清查之事。彭维新提出分县清查的方案，这也正中李卫下怀。

李卫当即让随从把各州县的名字写在纸上，揉成纸团，采取抓阄（jiū）分县，谁料这些纸团已被做了手脚。那些存在亏欠问题的州县，几乎尽在李卫手中，而彭维新抓到的，都是些问题不大的州县。

如此这般，彭维新再认真清查也无济于事。李卫这边，名为清查，实则督促各州县填补亏欠。待清查工作结束时，李卫故作焦虑地问彭维新："各地可有亏欠？"得到的答案是："没有。"李卫假装意外，同时开心地表示自己负责的州县也没有。

此事一经上报，雍正皇帝大喜过望，加封李卫为太子太保，大加赏赐。浙中各级官吏也因此各升一级，可谓是因祸得福。

知识补给站

你知道雍正皇帝的四大宠臣都是谁吗？

雍正皇帝的四大宠臣有：年羹尧、田文镜、隆科多和李卫。他们都曾为雍正皇帝嗣位、治国贡献了力量，备受雍正皇帝赏识。但四个人的结局却不同，年羹尧被赐死于狱中，田文镜病逝于家中，隆科多死于禁所，只有李卫一直得到重用，结局完美。

"摊丁入亩"是怎么回事？

摊丁入亩是清朝雍正时实行的一种税制改革。其具体做法是一改之前丁银（包括"人头税"、徭役等）和地银（即田赋）分别收取赋税的办法，将丁银摊入地银之中一并收取。这样地多者便需要承担较多的赋税，地少者则赋税较轻。

第**5**章

从乾隆盛世到嘉庆中落

有言在先

常言道："前人栽树，后人乘凉。"大清王朝在康熙和雍正两位皇帝的精心治理下，日趋呈现强盛之势，给乾隆皇帝攒下了丰厚的家底。乾隆皇帝也是继承发扬了祖辈的创业精神，开疆拓土、励精图治，一举将大清推上了历史的最高点。

但大清还是没能逃过"盛极则衰"的规律，随着乾隆皇帝在后期的贪图享乐，大清很快黯淡下来。到了嘉庆皇帝时，已经是家道中落，逐渐滑向历史的深渊。

大小和卓闹南疆

故事主角：大和卓、小和卓

故事配角：乾隆皇帝、阿睦尔撒纳、阿敏道、雅尔哈善、兆惠等

发生时间：1755 年—1758 年

故事起因：准噶尔部作乱，新疆大和卓、小和卓也发动叛乱

故事结局：清政府派兵征伐，最终将大小和卓打败

　　1755 年，准噶尔分部作乱，与清政府公开叫板。乾隆皇帝派遣军队，很快将分裂势力打服。意外的收获是，清军顺带解救了喀什噶尔人大和卓、小和卓，兄弟俩劫后重生，感激涕零，并当即投奔了清朝军队。伊犁平定后，清朝令大小和卓一起管理南疆。

好景不长，准噶尔部的阿睦尔撒纳，又掀起了风浪。小和卓迫于压力，倒向了自己的世仇准噶尔部，还纠集人马参加了阿睦尔撒纳的军队。

阿睦尔撒纳被清军击溃后，小和卓一时成了孤家寡人，不得不回到老巢叶尔羌。清政府派将领阿敏道带兵前往南疆"慰抚"。当阿敏道进入库车后，立即被小和卓的伏兵俘虏，后来又被处死。

一看闯了大祸，小和卓便怂恿老实巴交的哥哥一同造反，自立国家。见事已至此，本来对清朝忠心耿耿的大和卓，也只好同意了。一时间，南疆尽归大小和卓所有。

忍无可忍，无需再忍。1757年，乾隆皇帝派大将雅尔哈善出兵征讨南疆。清军首先围攻库车，谁料出师不利，一个多月都没有攻下库车。直到三个月后，库车城内弹尽粮绝，小和卓突围逃至叶尔羌，清军才占领了库车。

因雅尔哈善指挥不力，清军改由定边将军兆惠统兵。兆惠率兵一路征战，直逼叶尔羌。这时候，从库车突围的小和卓正把守这里，与守在喀什噶尔的大和卓互为掎（jǐ）角之势。

1758年10月，兆惠抵达叶尔羌附近，遭到了大小和卓的围攻。战斗极为惨烈，清军构筑临时工事，坚守了两个多月。在战斗中，和卓军在上游决堤灌水，清军就在下游挖沟泄洪；清军缺少弹药，兆惠就命人引诱和卓军以火枪射击，让对方的子弹都打在树上，清军随后砍树当柴火，又挖出数万颗铅弹。因此，虽然清军被围困多日，但并非弹尽粮绝。

第二年正月，清军两路援军赶到，与兆惠里应外合，和卓军大败。很快，清军占领喀什噶尔和叶尔羌，连胜和卓军。大小和卓逃往巴达克山汗国。在清军的军事压力下，巴达克山汗国可汗擒获并杀死大小和卓，将尸体

送至清军大营。至此，大小和卓的势力全部崩溃，天山南北终于统一。

天子南巡，百姓"买单"

故事主角： 乾隆皇帝

故事配角： 江春、皇太后等

发生时间： 1751 年—1784 年

故事起因： 乾隆皇帝在位期间，进行了六次大规模的南巡

故事结局： 乾隆皇帝南巡给百姓带去了无尽的苦难

在乾隆皇帝心里，康熙皇帝是他最为崇拜的偶像，也是他治国的好榜样。刚开始执政时，乾隆皇帝平定内乱，发展经济，逐渐将"康乾盛世"推向了高潮。但到了执政中后期，乾隆皇帝就有些贪图享乐了。

常言道："上有天堂，下有苏杭。"乾隆皇帝对江南充满了无限向往，也想复制皇爷爷南巡的风光时刻。于是，乾隆皇帝派大学士讷（nè）亲提前去考察一番。

讷亲打心眼儿里不赞同皇帝南巡，回来后对乾隆皇帝说："苏州城很乱，城外的虎丘像一个大坟堆。城里河道也很狭窄，算不上什么好风景。"乾隆皇帝思索再三，

决定暂时放弃南巡。

1751 年，乾隆皇帝终于下定决心南巡，理由是：要了解江南军事、政治等情形及百姓疾苦。

为迎接皇上巡行，各省又是修路、又是建行宫，还在繁华街市搭建了许多牌楼、彩棚、景点等，每隔二三十里设尖营，供皇帝临时歇脚。乾隆皇帝巡行的阵容也是相当豪华，大小船只多达上千艘，所到之处旌（jīng）旗蔽空，仅拉纤的就有 3600 人之多。

一次，乾隆皇帝来到运河南岸，发现岸上立着一个硕大的仙桃，待船临近，忽然烟火四溅，这仙桃迸裂开来，桃中竟是几百人正在演寿山福海的新戏。地方官为避免灰尘扬起，都会安排人"泼水清尘"，还在各桥头、村口等地派兵驻守，保护皇帝安全。

在江苏，盐商们为博皇帝欢心，在江南种植了万株梅花。乾隆皇帝游览大虹园时，认为一处景观与北海中的琼岛春阴非常相似，只是遗憾没有塔。大盐商江春得此消息，立即召集工人在一夜之间建造了一座同样的塔。乾隆皇帝一高兴，给各盐商加官进爵，以示嘉奖。

乾隆皇帝的首次南巡仅国库耗银就达 50 多万两，再加上地方捐助摊派，其数远大于此。

　　乾隆皇帝一共南巡六次，总共花了 2000 多万两白银，不仅助长了奢靡之风，也导致了贪官横行，加重了人民的负担。他的奢侈无度，已然为清朝笼上衰落的阴影。

痴迷写诗的皇帝

故事主角：乾隆皇帝

故事配角：沈德潜、世臣等

发生时间：不详

故事起因：乾隆皇帝痴迷写诗，一生的诗作数量达到了四万多首

故事结局：尽管乾隆皇帝诗作数量很多，但几乎没有精品流传后世

如果要问谁是中国历史上写诗最多的人？可能很多人把答案圈定在唐宋的诗歌大家们，其实确切的答案是乾隆皇帝。据文献记载，乾隆皇帝每天茶余饭后，都要做诗数首，一生的诗作数量达到了四万多首，这着实让人惊讶和意外。

作为中国古代第一高产的诗人，乾隆皇帝一生都对作诗情有独钟，简直到了极度痴迷的程度，大有"宁舍一顿饭，不舍一首诗"的创作精神。乾隆皇帝的诗作，

在题材上五花八门，不仅有国家大事、宫廷生活，还有花鸟鱼虫、禽兽牲畜等，可谓涉猎广泛，应有尽有。

尽管乾隆皇帝的诗作数量很多，但质量好的却不多。据说有一年冬天，乾隆皇帝御驾南巡，到西湖游玩时恰巧碰到下雪，雪借风势，漫天飞舞。乾隆皇帝见此美景，

皇上评论得妙啊。

诗兴大发，便吟道，"一片一片又一片"，群臣自然忙不迭地满口恭维。乾隆皇帝龙心大悦，又吟道，"两片三片四五片"。群臣一愣，但还是继续附和叫好。谁知乾隆皇帝又吟一句，"六片七片八九片"，这下群臣全呆住了。乾隆皇帝一时语塞，脑袋上也见了汗，总不能再来一句"十片十一十二片"吧？正在这尴尬的时候，有大臣凑到乾隆皇帝身边，悄悄地说："飞入梅花都不见。"

乾隆皇帝大喜，连忙又大声念了出来。

　　乾隆皇帝不仅爱写诗，也爱评诗论诗，甚至以诗歌好坏为标准任免官员。清代著名诗人、内阁学士沈德潜在当时很有名气，乾隆皇帝经常召他入宫，唱和诗词，深受宠信。沈德潜的妻子死了，他因为公务缠身不便请假，只能写诗悼亡，不料乾隆皇帝看到了这诗，便给沈德潜放假，还写诗为他送行。

　　相比起来，另外一位官员可就凄惨了。乾隆皇帝有一次翻看礼部侍郎世臣的诗稿，看到"霜侵鬓（bìn）朽叹途穷"一句，很不高兴，觉得世臣是无病呻吟；看到"秋色招人懒上朝"一句，更加不满，批评世臣作为朝廷命官，应该勤于公务，怎么能写这种荒唐的句子。就因为这几句诗，世臣莫名其妙地丢了官。

巨贪是怎样练成的

故事主角：和珅

故事配角：乾隆皇帝、曹锡宝、吴省钦等

发生时间：1773年—1786年

故事起因：和珅得到了乾隆皇帝的赏识和信任，逐渐成为朝中重臣

故事结局：和珅得势后，千方百计搜刮财富，成为当时的大贪官

1773年的一天，乾隆皇帝忽然心血来潮，要外出巡视，叫侍从官员准备仪仗。谁知这个官员一时竟找不到仪仗用的黄盖。乾隆皇帝十分生气，问："这是谁干的好事？"

官员们听到皇帝责问，都吓得直哆嗦，一句话也说不出来。有个心理素质极好的校尉镇定地说："管事的人不能推卸责任。"

乾隆皇帝侧脸一看，是个眉目清秀的青年，乾隆皇帝心里高兴，忘了追问黄盖的事，问他叫什么名字。那

青年回答说叫和珅。乾隆皇帝又问了他一些其他问题，和珅也是对答如流。

乾隆皇帝觉得这个年轻人有前途，马上让他总管仪仗，后来又让他当御前侍卫。乾隆皇帝的事，和珅件件都办得漂亮；乾隆皇帝爱听好话，和珅就尽说顺耳的。

日子一久，乾隆皇帝就把和珅当成了亲信，和珅也是顺着权力的杆子蹭蹭往上爬。1778 年，和珅已经当上了大官，但一旦听到皇帝咳唾，便迅速将溺器拿来，去干一些下等奴仆干的事情，本应为人不齿，但乾隆皇帝却很受用，并很快升他为户部尚书、议政大臣。后来，和珅还跟皇帝攀上了亲家，权势也是力压群臣。

和珅掌了大权，别的大事他没心思管，只对搜刮财富感兴趣。他不但接受贿赂，还公开勒索；不但暗中贪污，还明里抢夺。地方官员献给皇帝的贡品，都要经过和珅的手。趁此机会，和珅便"雁过拔毛"，先挑最好的东西留给自己，再把挑剩的"二流货"送到宫里去。

和珅千方百计地搜刮财富，一些朝臣和地方官员就使劲搜刮各种珍品去讨好他。大官压小吏，小吏榨百姓，百姓就成了最悲惨的群体。

1786 年，陕西道监察御史曹锡宝弹劾（tán hé；指担任监察职务的官员检举官吏的罪状）和珅家人刘全贪污之事，但其同乡吴省钦却向和珅告密了。和珅马上指使刘全转移赃物，反诬曹锡宝。乾隆皇帝对和珅深信不疑，将曹锡宝革职留任。一时想不开的曹锡宝，最终被活活气死。

随着权力的增大和疯狂敛财，和珅不仅成为乾隆朝的首辅大臣，还是当时富可敌国的人。

"二皇帝"狱中上吊了

故事主角：和珅

故事配角：嘉庆皇帝等

发生时间：1799 年

故事起因：登基后，碍于太上皇面子，嘉庆皇帝还不能除掉和珅

故事结局：乾隆皇帝死后，嘉庆皇帝赐死和珅，并抄其家产

乾隆皇帝在做了60年皇帝后，传位给太子颙琰（yóng yǎn），这就是嘉庆皇帝。太上皇虽然交了皇位，却舍不得放下皇权，每临早朝，太上皇就发挥"教练"的作用，手把手教嘉庆皇帝处理国家大事，他担心儿子太嫩，一时担不起江山社稷。

此时的太上皇，行动和说话已不是太利索。每次上朝，太上皇都让和珅侍驾，和珅不仅能明白他说什么，还能将大臣们上奏的事复述给他，充当传话筒的角色。除此

之外，和珅还能帮太上皇下判断，一时牛气得很。于是，人们就给和珅起了个"二皇帝"的外号。

"二皇帝"虽然是太上皇身边的宠臣，却是嘉庆皇帝最厌恶的家伙。嘉庆皇帝早就了解和珅贪赃枉法（贪污受贿，违犯法纪）的黑历史，但碍于太上皇的面子，没办法下手，只能暂时任其逍遥几天，内心却憋着一口恶气，只等彻底爆发的机会。

　　1799 年，太上皇薨逝，和珅彻底没了保护伞，嘉庆皇帝出气的时刻也到了。没等丧事结束，嘉庆皇帝就立马展开行动，迅速将和珅抓起来，剥夺了他的一切军政大权，并宣布和珅二十大罪状，赐他上吊自杀。曾横行宫里的"二皇帝"，就此追随太上皇而去。

　　人死了不算完，嘉庆皇帝还抄了和珅的家。抄家的结果，也让所有人惊掉了下巴。一张长长的抄家清单上，记载的金银财宝、稀奇古董，多得数不清，粗略估算一下，大约值白银 8 亿两之多，抵得上朝廷 10 年的收入，也达到了历史上贪污腐败的新高度。

　　后来，那些查抄出来的大批财宝，都让嘉庆皇帝派人运到宫里去了。于是，民间就有人编了两句顺口溜："和珅跌倒，嘉庆吃饱。"

醒木一响，评书开场！

品茶听书，为你讲述有滋有味的大清传奇；

真真假假，权且当茶余饭后的谈资……

今天，我要给大家讲的是——拿皇帝出气的厨子！

拿皇帝出气的厨子

嘉庆皇帝在位时，内务府有一个叫陈德的厨子，在内务府工作五年后被辞退，从此彻底失业，成为社会闲散人员，生活也逐渐陷入困境。

陈德的妻子当时已经去世，家中还有一个瘫痪在床的岳母，以及两个未成年的儿子，一个15岁，一个14岁。俗话说："半大小子，吃死老子。" 看着两个半大的儿子和瘫痪的岳母，陈德感受到了前所未有的压力，生计没有了着落，生活也失去了方向。

没了工作的陈德，自觉生活没有了希望，想自寻短见，又觉得默默自杀无人知道，死也是白死，还不如制造点动静，轰轰烈烈一回。思来想去，他把目标投向了嘉庆皇帝。

一天，陈德提前获得了皇帝的行踪，并躲在紫禁城北神武门旁。当嘉庆皇帝一出现，陈德手持身佩小刀快速冲了上去。神武门的侍卫们一时傻了眼，都呆住了，只有六人上去护驾，其中包括嘉庆皇帝的姐夫喀尔喀亲王拉旺多尔济，御前侍卫扎克塔尔、珠尔杭阿、桑吉斯塔尔等。在一阵拼杀下，陈德最终被擒。

受到惊吓后的嘉庆皇帝很是愤怒，立即让众大臣和六部九卿会审，众大臣要他交代幕后指使，陈德也很坦诚，全盘交代了自己单枪匹马闯祸的前因后果。面对审问，陈德说："我不想安静地死去，我本想犯个惊驾之罪，让侍卫大臣将我砍死，却没能如愿。"

过了几天，看到大臣们实在查不出更多有价值的信息，嘉庆皇帝就下旨，将陈德处以凌迟之刑，而他的两个儿子也被绞死。一场刺杀行动，就这样结束了。

知识补给站

乾隆皇帝为什么自称"十全老人"？

乾隆皇帝曾自我总结一生有"十全武功"。"十全武功"指两次平定准噶尔之役、平定大小和卓之乱、两次金川之役、镇压台湾林爽文起义、缅甸之役、安南之役及抗击廓尔喀之役。乾隆皇帝因此自称"十全老人"。

你了解清朝时编修的《四库全书》吗？

《四库全书》全称《钦定四库全书》，是乾隆时期编修的大型丛书。在乾隆皇帝的主持下，由纪昀等360多位高官、学者编撰，3800多人抄写，历时10年编成。该书共收录古籍3503种、79337卷、装订成36000余册，保存了丰富的文献资料。全书分经、史、子、集四部，故名"四库"。

第 6 章

鸦片战争和太平天国运动

有言在先

　　随着大清王朝的衰弱，英国人找到了发财的机会——向中国走私鸦片。面对英国人对中国百姓身心的毒害，民族英雄林则徐愤然出手，将英国人的鸦片尽皆销毁。第一次鸦片战争爆发后，清政府签订了丧权辱国的《南京条约》。尝到了一次甜头，十余年后，英法发动第二次鸦片战争，清政府被迫求和。

　　此时的清政府，对外被打得抬不起头，对内则加重了对百姓的剥削，这也引起了农民的反抗，轰轰烈烈的太平天国运动爆发了。

销烟，痛击了鸦片贩

故事主角： 林则徐

故事配角： 道光皇帝、广东百姓等

发生时间： 1839 年

故事起因： 面对英国向中国走私鸦片，林则徐数次上书要求禁烟

故事结局： 林则徐在广州开展禁烟，销毁了两万多箱收缴的鸦片

　　在禁烟前，东南沿海无数人因为吸食鸦片而痛不欲生，甚至悲惨死去；无数家庭因为鸦片而家徒四壁，甚至妻离子散。吸食上瘾者不可胜数，严重毒害了中国人的肉体和心灵。

　　早在清初，鸦片就已输入到了中国。以英国为首的西方殖民者为扭转贸易逆差，就采用倾销鸦片的恶毒手段，以此敲开中国的大门。鸦片的大量流入，使殖民者们大发横财，但却给中国带来了巨大灾难。

看到鸦片的毒害，林则徐很是着急，他几次上奏道光帝，指出若不禁烟，长此以往，数十年后，中原几无可以御敌的军队，没有可以充饷的银两。林则徐恳切的话，坚定了道光皇帝禁烟的决心。

广州是当时唯一对外开放的城市，这里每天的鸦片交易量非常大，问题也最严重。1839年，道光皇帝任命林则徐为钦差大臣，前往广州开展禁烟运动。

林则徐一到广州，暗访密查，充分掌握了广州鸦片走私和经营情况，然后下令收缴外商的鸦片。广州人民也纷纷行动起来配合林则徐，很快就收缴了两万多箱鸦片。

1839年6月，林则徐在虎门销烟，成千上万群众争相观看这一次活动。林则徐先让兵士在海滩上挖两个大池子。之后，将盐撒进池子，又把鸦片切成小块投入卤（lǔ）水中，浸泡半小时后再将石灰投入，池中立刻水汤滚沸，围观群众欢呼声震天动地。在连续20多天的时间里，收缴的鸦片全部被销毁。

　　林则徐指导中国人民的禁烟斗争，给英国侵略者以迎头痛击，他也成为中华民族的英雄人物。

鸦片战争

故事主角： 道光皇帝、林则徐

故事配角： 林维喜、义律、琦善、奕经、耆英、伊里布等

发生时间： 1840 年—1842 年

故事起因： 英国政府以英国子民受到威胁为借口，向中国发动了战争

故事结局： 清军战败，同英国签订了中国近代史上第一个不平等条约《南京条约》

　　1839 年 7 月，英国水兵在香港的一个村子酒后闹事，将村民林维喜打死。林则徐听说后，很是愤怒，他要求英国交出杀人凶手，然而英国商务总监督义律却**敷衍了事**（fū yǎn liǎo shì；指办事马马虎虎，应付过去就算完事）。

　　既然你不仁，休怪我不义。不久，林则徐下令禁止贸易，并驱逐澳门的英国人。一看打到了自己的七寸，

英国政府便以英国子民受到威胁为借口，向中国发动了战争。

公元 1840 年 6 月，英国 40 余艘舰船、4000 多名士兵先后到达澳门附近海面，鸦片战争彻底爆发。英军最先进犯广州，看到广州军民严密布防，就调转枪口进攻厦门，谁料却被狠狠地揍了一顿。8 月，英舰抵达天津大沽（gū）口外。

道光皇帝本来胆子就不大，此时又被投降派的劝说所动摇，一冲动罢免了林则徐，改派琦（qí）善为钦差大臣和英军谈判。

1840 年 12 月，琦善与义律在广州谈判。谁料英军搞偷袭，趁中方海防松懈之际，突然发动突袭，攻陷了虎门附近的两个炮台，而后攻占了香港。

得知琦善开门放盗，道光皇帝下令锁拿琦善。英军不断增派军力，轻而易举地攻占了厦门、镇江等地。道光皇帝闻讯大惊，急忙派大学士奕（yì）经调兵赴浙以收复失地，然而清军数战不利，撤回原地。

战败的消息传到京师，朝野上下震动。道光皇帝无奈，只得派耆（qí）英和伊里布向英军请和。1842 年 8 月 29 日，在英军舰"康华丽"号上，耆英与英国签订了中国近代史上第一个不平等条约《南京条约》。从此，中国开始沦为半殖民地半封建社会。

洪秀全是个洋教徒

故事主角：洪秀全

故事配角：冯云山、洪仁玕、杨秀清、萧朝贵、石达开等

发生时间：1851 年—1864 年

故事起因：为了反抗清政府，洪秀全在广西金田村发动武装起义

故事结局：太平天国运动，最终在中外反动势力的联合绞杀下失败

鸦片战争后，清政府为了支付战争赔款，开始对百姓大肆剥削，老百姓成了冤大头。民怨沸腾下，太平天国起义在两广地区爆发了。而起义的首领就是洪秀全。

洪秀全出生在广东省花县的农民家庭。他不仅是个农民，还是一个文人，他天性好学，聪明过人，但现实却给他泼了冷水，他曾几次想考取功名，但事与愿违，迎接他的是一连串的落榜。

洪秀全在广州应试期间，得到了一本《劝世良言》。

他无意中翻阅之后，觉得书的内容十分新奇，他对书中所描述的人人平等善良的大同世界十分神往。

1843年7月，洪秀全约了冯云山和族弟洪仁玕（gān），来到村外一条小河，跳进水中，洗净全身，这是"洗礼"仪式。此后，三人建立了一个秘密的团体——拜上帝会。

洪秀全建立拜上帝会后做的第一件事，就是砸毁了家里的孔、孟牌位，然后和冯云山赴广西紫荆山区传教。在他们的宣传下，很多人加入进来，人员很快发展到上万人，初步形成了以洪秀全、冯云山、杨秀清、萧朝贵、石达开、韦昌辉等人为首的领导核心。

看机会成熟，1851年1月11日，太平军在广西金田村举行隆重仪式，正式宣布起义。由此，太平军揭开了农民革命战争的序幕。

1852年5月，太平军离开广西进入湖南，明确提出了推翻清王朝的战斗口号，得到热烈响应。第二年，太平军攻克南京，将其改为"天京"，正式定都于此，建立起与清王朝对峙的农民政权，并乘胜东进，攻克镇江、扬州等地，建立起统一防御体系，结束了起义以来流动作战的局面。

太平天国运动历时 14 年，发展到十多个省，最终在中外反动势力的联合绞杀下失败。

圆明园来了强盗

故事主角：英法联军

故事配角：咸丰皇帝、文丰、额尔金、迈克尔等

发生时间：1860 年

故事起因：英法联军攻入北京，开始对皇家园林圆明园下手

故事结局：圆明园被英法强盗抢劫一空，并被放火焚毁

公元 1860 年 10 月，英法联军攻入北京。咸丰皇帝吓得带着皇室贵族、众臣等逃到了热河。

听说皇帝跑了，英法联军更是猖狂至极，并闯入了皇家园林圆明园。首先闯入的是法国强盗，大清 20 多名太监同敌人展开了斗争，因寡不敌众而全部战死。管园大臣文丰投水而死。园内太妃们恐受辱，纷纷选择自杀或投水自尽。

没有了抵抗，强盗们更疯狂了，他们像饿狼一般，见物就抢，口袋里装满了奇珍异宝。当英军赶到后，联

军司令部发出了"自由抢劫"的通知。一万多名士兵军官顿时像炸了窝的野兽，贪婪地扑向琳琅满目（lín láng mǎn mù；满眼都是珍贵的东西，形容美好的事物很多）的宝物，进行疯狂洗劫，能抢的就抢，能运的就运，对于那些搬不

走的大件器物，他们就丧心病狂地砸碎破坏。为了争夺宝物，强盗们开始互相殴打，甚至发生激烈的械斗。除了大肆抢掠，被他们糟踏的宝物更是数不胜数。此时的圆明园，已然成为一片废墟。

抢劫之后，为了掩盖强盗的劣迹，英国头目额尔金想出了一个最毒的方法——用大火焚烧圆明园。园内300多名太监、宫女、工匠都葬身于火海，大火连续烧了三天三夜，这座世界名园彻底化为一片焦土。

面对被焚烧的圆明园，额尔金很是得意，他甚至说："我们这样做，就是为了让中国和欧洲感到震惊。"这一刻，野蛮、狂妄、残忍都写在他丑恶的嘴脸上。

圆明园被烧了，百姓的心凉了，而远在热河的咸丰皇帝却照样过着悠哉的日子，大清王朝的尊严已经荡然无存了。

知识补给站

什么是京剧?

京剧是发源于 19 世纪中期的北京的一种综合性的戏曲表演艺术,是在继承昆曲、京调、弋阳腔等剧种的语言、音乐、舞蹈等艺术元素的基础上,又吸收各地民间艺术逐渐发展起来的。所以说,京剧是戏曲艺术的集大成者。

圆明园是由哪些部分组成的?

圆明园,由圆明园、万春园、长春园三园组成,其中以圆明园最大,此外它还有许多属园,建筑面积达 16 万平方米,园里共有 100 多个景点。它继承了中国历代优秀的造园艺术,汇集了全国的名园胜景,集园林艺术之大成。除此之外,圆明园还是一座皇家博物馆,堪称人类文化的宝库。

第 **7** 章
"老佛爷"的政治生涯

有言在先

　　咸丰皇帝刚驾崩，懿贵妃就顺理成章地升级为慈禧太后，她的野心在这一刻彻底膨胀起来。承载托孤之命的八大臣自然成为了慈禧夺权的炮灰。自垂帘听政以后，慈禧排除异己，贪图荣华富贵，置国家利益于不顾。在西方列强的坚船火炮下，清政府签订了一系列丧权辱国的条约，大清国彻底沦为任人宰割的羔羊。

一个女主撂倒八大臣

故事主角：慈禧太后

故事配角：咸丰皇帝、慈安皇太后、载淳、奕䜣等

发生时间：1861 年

故事起因：咸丰皇帝去世前，把辅佐幼帝的重任交给了八大臣

故事结局：慈禧太后联合恭亲王奕䜣发动辛酉政变，夺得朝政大权

    1861 年，重病缠身的咸丰皇帝觉得自己快不行了，就做了托孤之事，把辅佐幼帝的重任交给了八个靠谱的大臣。咸丰皇帝觉得，以八大臣的政治分量，足可以制衡女后专权。

    但咸丰皇帝又给八大臣挖了一个政治"大坑"，他怕八大臣哪天擅权或者造反，思来想去，又在权力杠杆上加了两个"砝码"——给皇后和懿（yì）贵妃留下了"御赏""同道堂"两颗印章。也就是说，这两颗印章足以拿住八大臣，但也埋下了垂帘听政的祸根。

咸丰皇帝死后，八大臣上了一个章疏：尊皇后为慈安皇太后；尊懿贵妃为慈禧皇太后。从贵妃到皇太后，凭借着幼帝载淳（chún）生母的先天优势，26岁的她实现了地位的大越级。幼帝登基后，又尊称其为慈禧太后，她由此成了后宫的一号人物。

慈禧太后，对权力有着极强的欲望。按照清朝家法，太后可以参与国事，即所谓的"听政"。慈禧太后想利用此规矩<u>垂帘听政</u>（指太后临朝管理国家政事），成为大清的实际掌门人。但贸然提出垂帘主张，必然会招致大臣的反对，慈禧太后于是与恭亲王奕䜣（xīn）共商计策，两人一拍即合，很快形成了统一战线。

1861年10月，皇室护送咸丰<u>灵柩</u>（líng jiù；盛有尸体的棺木）回京，两宫太后带着幼帝载淳先到北京。慈禧太后突然发动政变，以幼帝之命发布上谕，解除八大臣的职务，并处以死刑——八大臣成了冤死鬼；同时还宣布两太后垂帘听政，命奕䜣为议政王，入军机处，改年号为"同治"。

这次政变因发生在辛酉（yǒu）年，因此被称为"辛酉政变"。自此，一个强势女主的时代开始了。

洋务派，玩起了洋科技

故事主角：奕䜣、文祥、曾国藩、李鸿章、左宗棠、张之洞

故事配角：慈禧太后、沈葆桢等

发生时间：1861 年—1895 年

故事起因：为实现富国图强，在慈禧太后的支持下，洋务派掀起了洋务运动

故事结局：清军在甲午战争中失败，宣告洋务运动彻底破产

西方列强的武力入侵，将清政府的一些臣子们打醒了。他们觉得洋人固然可恨，但洋枪洋炮确实厉害。要想缩小差距，就得引进西方技术和装备。

1861 年，在慈禧太后的支持下，清政府出现了在中央以总理衙门大臣奕䜣、侍郎文祥等为代表，在地方上以曾国藩、李鸿章、左宗棠、张之洞等为代表的洋务派，他们提出了"师夷长技以制夷"的口号，意思是：学习洋人的先进技术后，再用这些先进技术去收拾洋人。于是，

一场洋务运动热火朝天地开展起来。

洋务运动分为前后两个阶段。19 世纪 60 年代为第一阶段，洋务派打着"自强"的旗号，依照西方国家的办法制造新式枪炮和船舰，兴办了一批军事工业企业；19 世纪 70 年代到 90 年代是第二阶段，洋务派以"求富"为口号，开始创办民用工业企业。

在第一阶段，洋务派建立了很多的军工厂，规模较大的有江南机器制造总局、金陵机器局、福州船政局、天津机器局等。李鸿章创立的江南机器制造总局，主要生产枪炮、弹药和小型船舰，还设置了译书馆来翻译西方书籍，这是洋务派创办的规模最大的军工企业。

在第二阶段，洋务派开始大力发展工业企业，先后创办了大约 20 多家民用企业，包括交通运输、采矿、纺织、冶炼等多个行业。规模较大的有轮船招商局、上海机器织布局、江南制造局、福建船政局等。在这些企业中，上海轮船招商局是中国第一家近代轮船航运公司，也是洋务派兴办的第一家民用企业。

洋务派在兴办军工、民用企业的同时，还进行了筹建海军、加强海防、设立外文学馆、派遣留学生等活动。

1875 年，两江总督沈葆桢（bǎo zhēn）、直隶总督李鸿章等人奏请筹建北洋、南洋、粤（yuè）洋三支海军。

洋务运动开展得如火如荼的时候，一些顽固派却唱起了反调，觉得中国是礼仪

我们的工业要起来了。

之邦，要想图强，在人心不在技艺，依然一副自大的架势。基于此，洋务派和顽固派进行了一系列的唇枪舌战。迫于被洋人欺压的形势，慈禧太后也只能站到洋务派这边。

1895年，甲午战争的失败，标志着洋务运动彻底破产。尽管洋务运动失败了，但却创办了中国第一批近代工业企业，培养了近代中国第一批新型的科技、军事和翻译人才，其巨大的进步作用也是不容否定的。

悲壮的甲午海战

故事主角：丁汝昌、邓世昌

故事配角：叶志超、刘步蟾、林永升、李鸿章等

发生时间：1894 年

故事起因：清朝北洋舰队与日本联合舰队在黄海遭遇，展开激烈交战

故事结局：甲午战争以清政府失败而告终，并与日本签订了丧权辱国的《马关条约》

 1894 年，朝鲜爆发了东学党起义。朝鲜政府镇不住了，便向清政府求救。清朝派直隶提督叶志超等率兵 2500 人赴朝助战。结果半路杀出个"劫匪"来——日本趁机挑起事端，并与清朝军队在朝鲜开战。

 9 月 17 日，清朝北洋舰队护送陆军士兵到达鸭绿（lù）江后，在返航的途中，同狂妄的日本联合舰队在黄海遭遇。为了偷袭北洋舰队，日军联合舰队悬挂起美国国旗，以此为掩护，急速驶向北洋舰队。中午时分，提督丁汝昌判断出驶来的是日本舰队，命令各舰准备战斗，一场

恶战就此爆发。

在激烈的炮战中，提督丁汝昌受伤，"定远"舰由管带刘步蟾（chán）指挥战斗。"致远"舰管带邓世昌率舰迎击日舰，激战中弹药即将用完，而船体受损严重，邓世昌便下令加大马力撞向"吉野"号，准备与敌人同归于尽。

我们冲，和他们同归于尽。

"吉野"号一边慌忙躲避,一边发射鱼雷。"致远"舰不幸被鱼雷击中沉没,邓世昌等200多名官兵,全部壮烈牺牲。

"经远"舰将士在管带林永升的指挥下,浴血奋战,林永升等200多名官兵仅16人获救,其余全部殉国。

"定远""镇远""来远""靖(jìng)远"四舰,在极为不利的情况下沉着应战,先后击中多艘敌舰,杀死杀伤众多敌人。在黄海海战中,北洋舰队虽然损失了五艘军舰和近千名士兵,但也重创了日舰。但由于李鸿章实行消极防御方针,日本最终还是掌握了黄海制海权。

不久,猖狂的日军成功偷渡鸭绿江。与此同时,日本军队还发起了金旅之战,很快攻下了旅顺,进行了惨无人道的大屠杀,一时间旅顺血流成河,尸横遍野。

1895年2月,威海一战,北洋舰队全军覆灭,提督丁汝昌拒降自杀,定远管带刘步蟾也自杀殉国。

1895年4月17日,清政府屈服于日本的压力,与日本签订了丧权辱国的《马关条约》,甲午战争结束。《马关条约》的签订,引发了列强瓜分中国的狂潮,给中华民族带来了空前严重的危机。

戊戌变法，变成了大惨案

故事主角：光绪皇帝、康有为、谭嗣同

故事配角：慈禧太后、袁世凯、荣禄、杨锐、刘光第、林旭等

发生时间：1895 年—1898 年

故事起因：在光绪皇帝的支持下，康有为等维新派人士开始了变法运动

故事结局：在慈禧太后等顽固派的打压下，维新运动彻底失败

1895 年，当《马关条约》签订的消息传来，一群在京城参加考试的举人彻底愤怒了，一个弹丸之国，竟然也欺负到大清国头上来了。他们有的羞愤难当，有的言辞激烈，有的抱头痛哭。

气愤之余，有一个胆大的举人康有为，牵头组织数百名举人联名上书光绪皇帝，请求撕毁条约，提出"拒和、迁都、练兵、变法"等主张。书生们的举动，在当时引

起了很大的轰动。

1898年6月，康有为上书敦请变法，光绪帝接受建议，并颁布了《定国是诏》，发布了上百道变法诏令，变法正式开始。康有为、杨锐、刘光第、谭嗣（sì）同、林旭等均被授予官衔，参与变法。此时，维新派人士群情鼓舞，撸起袖子准备大干一场。

然而喜悦的热情很快被现实的冷水浇灭。随着变法的高调进行，以慈禧太后为首的顽固派急眼了，变法威胁到了他们的利益。于是，慈禧太后准备发动政变，逼迫光绪皇帝退位。

得知慈禧太后要有行动，光绪皇帝便与维新派的主要人物商量对策，他们认为唯一可依靠的是袁世凯的军事力量。这时，谭嗣同挺身而出，表示愿意冒险去找袁世凯，请他出兵。

当天深夜，谭嗣同来到袁世凯的寓所，拿出光绪皇帝的密诏，并将维新派的计划**和盘托出**（比喻全都讲出来，毫不保留），要袁世凯铲除荣禄。谭嗣同激动

地说："今天只有你能救皇上。如果你愿意，就请全力救护；如果你贪图富贵，就请到颐和园告密，你可以升官发财！"

袁世凯正颜厉色地说："你把我袁某看成什么人了！皇上是我们共事的圣主，救驾的责任，你有，我也有！"

第二天，光绪皇帝召见了袁世凯。退朝之后，袁世凯匆匆赶回了天津。一到天津，他就去向荣禄告密。荣禄得报后，连夜赶往颐和园向慈禧太后报告。

慈禧太后带着大批人马，气急败坏地从颐和园赶到紫禁城，下令把光绪皇帝囚禁在中南海的瀛（yíng）台。对外则宣布光绪皇帝生病，不能亲理政务，由慈禧太后"临朝听政"。同时，下令大肆抓捕维新派的官员。除康有为逃往香港、梁启超逃往日本，其余的维新派主要人士均被逮捕。这一年是戊戌（wù xū）年，所以，人们通常把这场政变称为"戊戌政变"。

1898年9月28日，慈禧太后下令杀死谭嗣同、康广仁、刘光第、林旭、杨锐、杨深秀六人，他们被称为"戊戌六君子"。

慈禧太后跑路了

故事主角：慈禧太后

故事配角：光绪皇帝、桂祥、奕劻等

发生时间：1900 年

故事起因：八国联军进攻北京，慈禧太后带着光绪皇帝等一路西逃

故事结局：为讨好列强，清政府与列强签订了丧权辱国的《辛丑条约》

19 世纪末，大清出现了一个农民运动组织——义和团，他们最初以"反清复明"为口号，结果遭到了清王朝的强势打压。随着洋人侵华的加剧，义和团开始调转枪口，提出了"扶清灭洋"的口号，把洋人搅得心神不宁。慈禧太后也对义和团运动表达了支持之意。

洋人们纷纷向清政府表达不满，结果没有任何回音。1900 年，各国公使举行紧急会议，会议决定将在津的英、俄、日、美、法、德、意、奥八国现有兵力组成联军，

向北京进犯。

7月19日夜里，炮声不断传来，慈禧太后不敢入睡，坐在养心殿听取军情报告。忽然，载漪（yī）慌慌张张地跑进来，喊道："老佛爷，洋鬼子打进来了！"接着，军机大臣荣禄也惊慌失措地报告，说沙俄骑兵已攻入天坛。

一看大势不妙，慈禧太后与光绪皇帝等皇

室人员，换便衣乘马车仓皇逃离京城。慈禧太后的弟弟桂祥率八旗军，一路护送慈禧太后等向西急行。

慈禧太后一行，历尽了颠沛之苦，过的日子与宫殿中的日子相差十万八千里。沿途只能夜宿土炕，既无被褥，又无更换的衣服，更谈不上御膳（yù shàn；帝王世族所享用的饮食），只能以小米稀粥充饥，慈禧太后很是狼狈。

当逃亡的队伍到了西安后，安全和供应有了保障。这时候，慈禧太后又开始摆起了架子。不仅吃穿用讲究排面，而且作威作福起来。为了能早日"体面"地回京，她命令庆亲王奕劻（kuāng），回京同李鸿章与各国交涉议和。

虽然国家面临危亡，但慈禧太后仍过着奢侈的生活。为了满足慈禧太后一行在西安的开支，各省京饷、漕粮也不断运往陕西。据统计，截止到1901年2月初，送往西安的饷银就高达500万两，粮食100万石，奢侈之程度着实令人咂舌。

为了讨好列强，慈禧太后不断发布上谕，说这次中国变乱，事出意外，并不是朝廷的意思，对于那些挑起祸端的人，清政府一定全力肃清，决不姑息。很快，义和团就成了"背锅侠"，遭到了灭顶之灾。

1901年，《辛丑条约》签订，中国赔款白银4.5亿两，这笔费用相当于清政府12年的收入总和。《辛丑条约》的签订，标志着中国完全沦为半殖民地半封建社会。

知识补给站

清朝的"闭关锁国"是怎样的?

从乾隆二十二年（1757年）起，清政府鉴于国内人民与外国人交往日益频繁，担心会给自己的统治带来威胁，开始实行"一口通商"政策，这也标志着清政府奉行闭关锁国政策。政府限制中国人出洋贸易和居住，如确定出洋的，会规定严格的往返期限。中外贸易活动只限于广州一个通商口岸，外商的贸易及其他事务的交涉，都只能和清政府特许的行商进行。

"岭南画派"是个怎样的绘画流派?

岭南画派是中国近现代画坛上的一支绘画流派，由人称"岭南三杰"的高剑父、高奇峰和陈树人所创立；主张吸取古今中外特别是西方绘画艺术之长以改造传统国画，使之发展为现代化、民族化、大众化的艺术，在国内外都有一定影响力。

第 **8** 章

大清的余晖

有言在先

  1908 年，当光绪皇帝、慈禧太后相继离世后，百般挣扎的清王朝也是气数将尽。在命运的安排下，懵懂的小皇帝溥仪，成为大清国最后的"关门人"。在辛亥革命浪潮一波又一波的冲击下，大清国已是朽木难撑，武昌起义吹响了大清灭亡的号角。当隆裕皇太后发布清帝逊位诏书，年幼的宣统皇帝被迫走下君主神坛，大清也隐去了最后一抹光辉，走到了历史的尽头。

故事万花筒

最灵验的"诅咒"

故事主角：溥仪

故事配角：载沣、慈禧太后、溥仪祖母、文武官员们等

发生时间：1908 年

故事起因：光绪皇帝、慈禧太后先后死去，年幼的溥仪被
扶上皇位

故事结局：溥仪在登基大典上哭闹，父亲载沣说出了"就
快完了"的不祥之话

1908 年 11 月，在光绪皇帝病死前，醇（chún）亲
王载沣（fēng）被宣入中南海，跪在慈禧太后的帏帐（wéi
zhàng）前。

病榻上的慈禧太后开口说道："载沣，你得了两个
儿子，这是值得喜庆的事。皇帝已将不起，我又在病重

133

之中。现国家有难，朝廷不可一日无君，我决定立你的长子溥（pǔ）仪继承皇位，赐你为监国摄政王！"

一听这话，载沣顿时感觉如五雷轰顶，不知该怎么办才好。他反复念叨说："溥仪仅仅三岁，溥仪仅仅三岁……"

慈禧太后马上劝慰说："这是神意，也是列祖列宗牌位前卜卦请准了的！明天，你将溥仪带进宫，准备举行登基仪式。"

慈禧太后的决定传到醇亲王府，王府一时如大难临头。溥仪的祖母不等念完谕旨（yù zhǐ；指皇帝的诏令）就昏了过去。她苏醒后，一把夺过溥仪，紧紧抱在怀里，一把鼻涕一把泪地说："你们把自家的孩子（指光绪皇帝）弄死了，却又来要我的孙子，这是万万不能答应的！"接着，她又是一顿哭闹。但胳膊拧不过大腿，她再怎样阻拦，都于事无补。

1908 年 11 月 14 日，一群太监将溥仪带入皇宫。第二天，慈禧太后便一命呜呼了。到了 12 月 2 日，清廷举行了隆重的皇帝登基大典。

登基大典开始时，不满三周岁的溥仪，坐在皇帝的

龙床宝座上哇哇大哭起来。他父亲载沣侧身坐在龙床上，双手扶着他，叫他不要再哭闹。

这溥仪可不懂什么礼仪规矩，只管释放着情绪。见文武百官不断地磕头，高呼"万岁、万岁、万万岁"，再加上震耳欲聋的锣声、鼓声、钟声，溥仪更加害怕，哭声也提高了几个声调。

一看儿子这样"任性"，父亲载沣有点挂不住脸面了。为了安抚溥仪的情绪，载沣心中一急，不由脱口而出，叫道："就快完了！就快完了！马上回老家了！一完就回老家了！"

话一出口，文武官员们都傻眼了，不由得窃窃私语（背地里小声说话）起来："怎么说'快完了''回老家'呢？是什么意思呢？"回满族老家？不就是结束二百多年的统治吗？

载沣这一番话，犹如一个"诅咒"，不久后竟得到了应验。

要反清，就要闹革命

故事主角：孙中山

故事配角：李鸿章、黄兴、宋教仁、陈天华等

发生时间：1905 年

故事起因：面对腐朽的清政府，孙中山积极探索革命道路

故事结局：孙中山、黄兴等在日本东京成立了中国同盟会，从而掀起了资产阶级革命运动

在清朝末年，有一位不同凡响的大人物，他叫孙中山。鸦片战争后，孙中山目睹了中国遭受列强任意宰割的屈辱，也目睹了清王朝的卖国、专制和腐败，这一切，让他感到很气愤。

1894 年，年轻气盛的孙中山，向时任北洋大臣的李鸿章上了一封万言书，书中提出了很多强国富民的改革主张，结果李鸿章拒绝了这个"爱管闲事"的小伙子。

见大清官员如此闭耳塞听，失望透顶的孙中山开始

考虑国家的真正出路，开始琢磨中华民族的未来走向，而这一切的实现，都指向了一条路，那就是革命！

单丝不成线，独木不成林。为联合各种革命力量，从 1902 年到 1905 年，孙中山做了一次"环球旅行"，在各地宣传革命思想、组织革命团体，进一步扩大革命的影响。

1905 年夏，孙中山从欧洲到达日本东京，同留日革命团体领导人黄兴、宋教仁、陈天华等会晤，商议筹建统一的革命政党。经过反复讨论，最后定名为"中国同盟会"，并以孙中山提出的"驱除鞑虏（dá lǔ），恢复中华，创立民国，平均地权"16 字为政治纲领。

为进一步扩大革命影响，由黄兴和宋教仁发起，在东京召开了中国留学生和华侨欢迎孙中山的集会。孙中山发表激动人心的演说，给与会者以巨大的鼓舞，革命热情迅速被点燃。

8 月，孙中山和黄兴等联合兴中会、华兴会和光复会等革命团体的成员，在东京正式举行了中国同盟会成立大会。

中国同盟会成立后，海内外革命者纷纷加入，革命队伍日益壮大，资产阶级革命的浪潮日渐高涨起来。

秋瑾：谁说女子不如男

故事主角：秋瑾

故事配角：秋寿南、王廷钧、徐锡麟等

发生时间：1896 年—1907 年

故事起因：秋瑾积极投身和宣传革命，加入拯救中国的行动

故事结局：秋瑾被捕后，为唤醒更多人的革命意识，选择从容就义

常言道：巾帼不让须眉。在清末封建思想的禁锢（gù）下，仍有女中豪杰舍生取义，为国为民，这个奇女子就是秋瑾（jǐn）。

秋瑾是福建厦门人，出生于书香门第，其父亲秋寿南是个典型的知识分子。受家庭环境的影响，秋瑾不仅好文史、能诗词，后来还学会了骑马击剑。

秋瑾曾立下宏愿：要让男子屈服，要做让男子吃惊和羡慕的事。为此，秋瑾常以花木兰、秦良玉自喻，性格豪爽，经常穿戴男装，习文练武。

1896 年，应父母之命，秋瑾被许配给了一位富翁的儿子王廷钧为妻。婆家是思想守旧的家庭。

1900 年，秋瑾的丈夫王廷钧买了一个户部主事的官

职，于是，秋瑾和丈夫一道去往北京，也算见了世面。然而北京并没有给秋瑾什么好印象，除了衰败就是死气沉沉，正好还赶上了八国联军侵华，慈禧太后、光绪皇帝都不知道跑到哪里去了。

在不断接受新思想、新事物的过程中，秋瑾决定加入拯救中国的行动。1904 年 7 月，她不顾丈夫王廷钧的反对，自费去日本学习。在日本期间，秋瑾先进了日语讲习所，陆续参加了洪门天地会、光复会和同盟会。

几年后，学成归来的秋瑾回到了上海，并顺利地开办了《中国女报》。秋瑾借着《中国女报》的舆论平台，宣传妇女解放，提倡女权，宣传革命。

1907 年 2 月，秋瑾接任徐锡麟（xī lín）做了大通学堂督办。二人商议，决定在这一年分别在浙江、安徽两省同时发动起义。但不幸的是，徐锡麟在安庆起义失败，事情泄露。得知起义失败的消息，秋瑾拒绝了大家要她逃命的劝告，表示"革命要流血才会成功"，她毅然留守大通学堂。不久，秋瑾被清军逮捕。

被捕后的秋瑾，在严刑拷问之下，始终坚持理想，不为所动，最终从容就义。

辛亥革命，要了大清命

故事主角：金兆龙、程正瀛、熊秉坤等

故事配角：端方、瑞澄、陶启胜等

发生时间：1911 年—1912 年

故事起因：趁湖北的清军力量虚弱之际，两湖地区革命党决定起义

故事结局：革命党人取得了辛亥革命的胜利，建立了中华民国，清朝彻底灭亡

同盟会成立后，革命党人在各地发动了多次起义，结果都是鸡蛋碰石头，输得头破血流。此时的清政府像一头病老虎，看似弱不禁风，但还有一定的战斗力。

1911 年，清廷为了镇压四川的保路运动，派遣驻扎在武昌的大臣端方率兵入川。这样一来，湖北的清军力量顿时被削弱了不少。

趁你虚，要你命。两湖地区的文学社和共进会见此良机，便准备在武昌搞个大动静。但是人算不如天算，

就在准备之时出了岔子。共进会在汉口俄租界秘密制造炸弹时不慎爆炸了，俄国巡捕拘捕了多名革命党人，并搜出革命党人花名册与起义文告，还随即将被捕的革命党人交给了地方政府。

湖广总督瑞澄一见花名册，顿时吓得不轻，如临大敌一般，看谁都像革命党人。他下令关闭四城，搜捕革命党人。文学社领导人当即决定提前发动起义，但起义各方却无法联络。于是，新军中的革命党人自行联络，决定于10月10日晚发动起义。

10月10日夜，凉风习习，月明星稀。第八镇工程营排长陶启胜正在查夜，走进营房看士兵们都规规矩矩。他刚想回住处，却看到班长金兆龙抱着枪在东张西望。

陶启胜走过去，踢了金兆龙一脚，厉声骂道："想造反哪！"谁知道金兆龙腾地跳起来，嚷嚷着："老子今天就是反了。"说完，和陶启胜扭打在一起。

两人打得热闹，周围的士兵也看懵了。突然，"砰"的一声，陶启胜应声栽倒，鲜血从他的后背流出来。所有人都惊呆了，扭头一看，背后下手的是士兵程正瀛。

很快，一阵杂乱的脚步声传来，还有人高声喝道：

"是哪个人开枪？赶紧出来。"说完，几个身影出现在营房门口。只听又是几声枪响，几个人七扭八歪地倒了下去——依然是程正瀛开的枪。八营很快大乱，不少士

兵像没头的苍蝇一样到处乱窜。

忽然"嘟嘟"的哨声响起，众士兵向哨声处望去，见是另一个班长熊秉（bǐng）坤鸣哨。熊秉坤跳上一个弹药箱，厉声大叫"反了"，说完拿出一条白毛巾，缠在头上，举枪向外冲去。众士兵纷纷拿起手中的枪，一窝蜂地随着熊秉坤向军械库涌去。武昌起义爆发了。

经过一夜的激战，起义的新军士兵占领了武昌城。汉口、汉阳随即闻风而动，发动起义。10月12日，武汉三镇全部为起义军所掌握。武昌起义胜利后，湖南、广东等15个省纷纷宣布脱离清政府。此时的清政府，已经处于崩溃的边缘。

1912年2月12日，隆裕皇太后发布清帝逊位诏书，宣布宣统退位，并委托袁世凯组织临时政府。大清国终于走到了历史的尽头。

醒木一响，评书开场！

品茶听书，为你讲述有滋有味的大清传奇；

真真假假，权且当茶余饭后的谈资……

今天，我要给大家讲的是——霸道的慈禧！

霸道的慈禧

慈禧太后在玩弄权术方面，可以说是一绝。除此之外，慈禧太后还是个荒诞霸道的女人。

1903年，慈禧太后心血来潮，提出坐火车去谒（yè）祭祖陵，但当时北京到祖陵所在之地并没有通铁路，为了满足慈禧太后的要求，只得立即修建。她喜怒无常，动不动就要杀人。有一次，一个太监陪她下棋，说了句："奴才杀老祖宗这匹马。"慈禧太后听后大怒，说："我杀你一家子！"叫人把这个太监拉下去，活活打死了。

慈禧太后的霸道和专横人尽皆知，到了晚年，更是有过之而无不及。虽然醇亲王对慈禧太后很是恭谦，但当他去世后，还因坟前的一棵树而引起轩然大波。据记载，醇亲王的陵墓前有一株粗大的银杏树，一些迷信风水的人说，醇亲王墓有帝王陵墓的气象，醇亲王的后代依然会入承大统。慈禧太后听信了这话，立刻令人去砍掉那棵树。

光绪皇帝在得知自己父亲坟前的一棵树要保不住后，气得下谕说：谁敢砍这棵树，先来砍他的头。但慈禧太后还是把树砍了，光绪皇帝忍不住号啕大哭。颇具讽刺意味的是，慈禧太后虽然砍了树，结果仍然要从醇亲王的后裔中去选择皇位继承人。